Petru Garbovicianu

Die Didaktik Basedow's im Vergleich zur Didaktik des Comenius

Petru Garbovicianu

Die Didaktik Basedow's im Vergleich zur Didaktik des Comenius

ISBN/EAN: 9783743646926

Hergestellt in Europa, USA, Kanada, Australien, Japan

Cover: Foto ©Thomas Meinert / pixelio.de

Weitere Bücher finden Sie auf **www.hansebooks.com**

DIE DIDAKTIK BASEDOW's

IM VERGLEICHE ZUR

DIDAKTIK DES COMENIUS

INAUGURAL-DISERTATION

ZUR

ERLANGUNG DER DOCTORWÜRDE

DER

HOHEN PHILOSOPHISCHEN FACULTÆT DER UNIVERSITÆT LEIPZIG

VORGELEGT VON

PETRU GARBOVICIANU

(AUS RUMÆNIEN)

BUCAREST
DRUCK VON CAROL GÖBL
14, STRADA DOAMNEI, 14
1887

Dem hochgeehrten Herrn

Demeter A. Sturdza

Cultus- und Unterrichts-Minister

aus Achtung und Dankbarkeit

gewidmet

VOM VERFASSER.

I.
Vorbemerkungen.

Die Reformation ist eine der grössten und weitreichendsten Bewegungen, welche je auf dem Gebiete des geistigen Lebens stattgefunden haben. Mit Recht sagt Guizot: »La révolution religieuse du XVI. siècle peut être considérée sous beaucoup d'aspects, et dans la variété de ses rapports avec l'ordre social, on la voit amenant partout des résultats d'une importance immense.« Insbesondere aber kam diese Bewegung, welche zuerst einen rein religiösen Charakter an sich trug, auch der Schule zu gute; ja von Anfang an hatte Luther auch diese in's Auge gefasst. Darum tadelte und verwarf er die mönchische Erziehung und den mönchischen Charakter der damaligen Schulen. »Was hat man gelernt in hohen Schulen und Klöstern bisher, ruft er aus, denn nur Esel, Klötze und Blöcke werden? Zwanzig, vierzig Jahre hat einer gelernt und hat noch weder lateinisch noch deutsch gewusst. Ich schweige das schändliche lästerliche Leben, darinnen die edle Jugend so jämmerlich verderbt ist.«*) Zugleich verlangt er (und er, so viel wir wissen, zuerst oder als einer der ersten), dass man allgemeine Schulen gründe. Es sollten wenigstens in allen Städten und Flecken Schulen eingerichtet werden, um die gesammte Jugend beider-

---

*) Luther: An die Bürgermeister und Rathsherren aller Städte in deutschen Landen.

ei Geschlechts zu unterweisen. Wenn Schulen zunehmen, so steht's wohl und die Kirche bleibt rechtschaffen.» Aber er hatte nun auch nicht blos dieses kirchliche Interesse im Sinne; die Schule, will er, soll auch dem weltlichen Regimente dienen, und wenn er freilich den eigentlichen Schwerpunkt auf die alten Sprachen, zumal auf das Lateinische, legt, so redet er doch auch der Musik, der Geschichte, den Leibesübungen das Wort, ja er verweist auch auf ein gewisses Studium der Natur. «Wir sind jetzt in der Morgenröthe des künftigen Lebens, denn wir fahen an, wiederum zu erlangen die Erkenntniss der Creaturen, die wir verloren haben durch Adams Fall. Jetzt sehen wir die Creaturen gar recht an, mehr denn im Papstthum etwann. Wir beginnen von Gottesgnade, seine herrlichen Werke und Wunder auch aus den Blümelein zu erkennen, wenn wir bedenken, wie allmächtig und gütig Gott sei; darum loben und preisen wir ihn und danken ihm. In seinen Creaturen erkennen wir die Macht des göttlichen Wortes, wie gewaltig das sei. Da er sagte, er sprach, da stund es da.»*)

Man hat um Aeusserungen der lezteren Art willen Luther wohl als einen Vorboten des Realismus angesehen, und man würde mit dem gleichen Rechte auch *Erasmus* und *Melanchton* dazu zählen dürfen. Allein, die Grundanschauung dieser Männer war vielmehr die eines im Dienste der Kirche stehenden Humanismus. Der im eigentlichen Sinne des Wortes so genannte Realismus gehört einer späteren Zeit an.

Der Begründer dieser Richtung ist Bacon von Verulam (1561—1626). Er steht im offenen Gegensatz zu den bis dahin geltenden pädagogischen Richtungen und Ansichten. Die Principien seiner realistischen Lehre finden wir besonders im zweiten Theile seiner «Instauratio magna», im «Novum organon». Er verlangt zuerst, dass man «nicht mehr die Rosen und den Wein aus Anacreon und Horaz kennen lernen» soll.**) Man soll die Natur studieren. «Es wäre eine Schande für die

---

*) Tischreden.
**) Carl von Raumer, «Geschichte der Pädagogik.» 2. Band, I. Theil. 5. Aufl. S. 308.

Menschheit, wenn, während die Gebiete der materiellen Welt, der Länder, Meere und Gestirne, in unserer Zeit unermesslich erweitert worden sind, die Grenzen der intellectuellen Welt dagegen in die Enge des Alterthums festgebannt blieben. Vor allem soll man den Ursachen der Erscheinungen nachgehen, also experimentiren. Vera scire est per causas scire.*) Er macht sonach die Erfahrung zum Princip, und die Naturwissenschaft gilt ihm für die grosse Mutter aller Wissenschaften. Sie ist es, welche dem Menschen Nutzen bringen kann, das aber giebt der Wissenschaft ihren Werth.**) Meta scientiarum vera et legitima nulla alia est quam ut dotetur humana vita novis inventis et copiis.***) Wir können uns nicht weiter darauf einlassen, die Bedeutung dieses Mannes für die Entwicklung der Wissenschaften im Allgemeinen und der Pädagogik insbesondere näher in's Auge zu fassen (dies würde eine specielle Arbeit erfordern), sondern wir begnügen uns damit, den Ausspruch zweier berühmter Männer über die Bedeutung Bacon's anzuführen. Die erste Stelle verdient der grosse Historiker Macaulay. ‹Die Experimentalwissenschaft, sagt derselbe in seinen Essays, wurde allgemeine Mode, der Kreislauf des Blutes, das Wägen der Luft, das Fixiren des Quecksilbers traten an die Stelle der politischen Streitigkeiten. Träume von Flügeln, mit welchen man vom Tower zur Abtei fliegen wollte, folgten auf die Träume von den vollkommensten Staatsformen. Alle Classen wurden von der herrschenden Stimmung fortgerissen. Cavalier und Rundkopf, Hochkirchenmann und Puritaner waren hierin auf einmal vereinigt. Geistliche, Juristen, Staatsmänner, Adelige, Prinzen erhöhten den Ruhm der Bacon-schen Philosophie. Die Chemie theilte eine Zeit lang mit dem Wein und der Liebe, mit der Bühne und dem Spieltische, mit den Intriguen des Hofmannes und mit der Intrigue des Demagogen, die Aufmerksamkeit des leichtsinnigen Buckingham. Der König selbst hatte ein Laboratorium in Whitehall

---

*) Novum organon, II. 2.
**) Schmidt, Pädagogische Encyclopädie. 1. Bd. 2. Aufl. S. 348.
***) Novum organon I. 81.

und war dort weit thätiger und theilnehmender als im Rathszimmer. Es gehörte durchaus zum Berufe eines feinen Gentleman, dass er etwas über Telescop und Luftpumpe zu sagen wusste; selbst Damen fuhren in sechsspännigen Kutschen nach Gresham zur Besichtigung der dortigen Curiositätensammlungen und brachen in einen Schrei des Entzückens aus, wenn sie fanden, dass wirklich ein Magnet eine Nadel anziehe, und wirklich ein Mikroscop eine Fliege so gross wie einen Sperling erscheinen lasse. Die Phantome, welche ganze Jahrhunderte lang in der Welt umgegangen waren, flohen einer nach dem anderen vor dem Lichte. Die Astrologie und Alchymie wurde zum Spott.*) Und Raumer sagt: «Bacon war der erste, welcher den Gelehrten, die einzig in Sprachen und Schriften der Vergangenheit lebten und webten, meist nur Echos der alten Griechen und Römer waren, ja nichts Höheres kannten als dies zu sein; er war es, der ihnen sagte; es gibt auch eine Gegenwart, thut nur die Augen auf, um sie in ihrer Herrlichkeit zu erkennen. Wendet euch weg von den löchrichten Brunnen traditioneller Naturwissenschaft, schöpft aus dem unergründlich ewig frisch sprudelnden Quell der Schöpfung. Lebt in der Natur mit offenen Sinnen, vertieft euch in sie mit euren Gedanken, und lernt sie begreifen, so werdet ihr sie auch beherrschen lernen. **)

Schon hieraus geht hervor, dass Bacon einen ausserordentlichen Einfluss auf die kommenden Pädagogen gehabt haben muss. Sehr deutlich tritt derselbe bei Wolfgang Ratke (Ratichius)***), am deutlichsten aber und am folgereichsten bei Johann Amos Comenius †) hervor. Seine Didactica magna ††)

---

*) Macaulay in seinen Essays, citirt von Carl Schmidt, Geschichte der Pädagogik, 3. Bd. 4. Aufl. S. 298—299.
**) Raumer a. a. O. I. Theil. 5. Aufl. S. 314. Vergl. Kuno Fischer, Francis Bacon und seine Nachfolger. 2. Aufl. Leipzig 1875.
***) Ratke, geb. 1571, gest. 1635.
†) Geb. 28. März 1592 in Niwnitz, in Mähren bei Ungarisch-Brod, gest. 17. Nov. 1671 in Naarden bei Amsterdam.
††) Der ganze Titel des Buches lautet: Didactica magna universale omnes omnia docendi artificium exhibens: sive certus et exquisitus

ruht in sehr wesentlichen Puncten auf Baconschen Sätzen und bildet wiederum ein grundlegendes Werk für die gesammte moderne Unterrichtslehre. Was in diesem Buch über die Grundsätze und den Stoff des Unterrichts, über die Schulanstalten und Schulzucht, über die Person des Lehrers gesagt wird, kann man in der That noch heute mit wenigen Ausnahmen unterschreiben. Comenius hat ausserdem noch zahlreiche pädagogische Werke geschrieben, aber die Didactica magna ist, obwohl früher entworfen als die Mehrzahl seiner Schriften, so zu sagen die reichste Frucht seiner ganzen pädagogischen Tätigkeit, gleichsam eine Art pädagogischer Encyclopädie. Ursprünglich in böhmischer Sprache verfasst, erschien sie in lateinischer Bearbeitung um 1638 oder 1639. Alle pädagogischen Werke des Comenius, mit Ausnahme des Orbis pictus,*) traten endlich in einer Gesammtausgabe ans Licht zu Amsterdam unter dem Titel: I. A. Comenii Opera didactica omnia, variis hucusque occasionibus scripta, diversisque locis edita: nunc autem non tantum in unum, ut simul sint collecta, sed et ultimo conatu in systema unum mechanica constructum redacta. Amsterdami impensis D. Laurentii de Geer excuderunt Cristophorus Cunradus et Gabriel a Roy. Anno MDCLVI. 4 Vol. Folio. Ausser der Didactica magna sind besonders zu erwähnen seine «Janua linguarum reserata», «Methodus linguarum novissima», und Orbis sensualium pictus.» Die Janua reserata hat nach ihrem Erscheinen allgemeinen Beifall gefunden. Sie wurde sofort in zwölf europäi-

---

modus, per omnes alicuius Christiani Regni communitates, Oppida et Vicos, tales erigendi Scholas, ut Omnis utriusque sexus juventus nemine usquam neglecto, Literis informari, Moribus expoliri, Pietate imbui, eaque rationem intra pubertatis annos ad omnia, quae praesentis et futurae vitae sunt, instrui possit, Compendiose, jucunde, solide, ubi omne quæ suadentur, fundamenta ex ipsissima rerum natura eruuntur: Veritas artium mechanicarum parallelis exemplis demonstratur: Series per anno, menses, dies, horas, disponitur: Via denique in effectum haec feliciter deducendi, facilis et certa ostenditur.
 *) I. A. Comenii orbis sensualium pictus, hoc est omnium fundamentarium in mundum verum et in vita actionum pictura et nomenclatura..

sche Sprachen übersezt, (lateinisch, griechisch, böhmisch, polnisch, deutsch, schwedisch, holländisch, englisch, französisch, spanisch und magyarisch) und in mehrere morgenländische. Comenius sagt*): Cum anno 1642, Lugdunum Batavorum transire interque alios viros clarissimos D. Jacobum Galium, Matheseos et Orientalium L. L. Profesorem, salutare contigisset, ostendebat ille mihi a fratre suo, Petro Galis, (quam ante annos tunc novem in Asiam linguarum orientis causa miserat) datas Aleppo Syriæ literas: quibus pro transmissa sibi janua L. L. Comeniana gratias agens, eam a se in Arabicum translatam, Muhamedanis adeo placere significabat, ut jam inter se operas eandem in Turcicum, Persicum, Mongolicum sermonem transferendi partiti sint. Addito in plura eos jam ejusdem autoris aut similis stili inquirere. Hæc me obstupescere videns vir optimus intulit: Vides Comeni, quam feliciter tibi janua tua ad gentes aperiat januam.»

Pierre Bayle sagt in seinem Dictionnaire historique et critique hinsichtlich der janua reserata: «Quand Comenius n'aurait publié que ce livre-là, il se serait immortalisé.» Und der Orbis pictus wurde überall in den Schulen eingeführt, sogar noch gegen Ende des vorigen Jahrhunderts war er eines der am meisten gebrauchten Schulbücher.**)

Comenius als Pädagog hat einen sehr grossen Einfluss auf seine Nachfolger***) gehabt; in der vorliegenden Arbeit sol-

---

*) Comenii opera omnia pars II p. 268.
**) Ausser dem Orbis pictus des Amos Comenius kam uns kein Buch dieser Art in die Hände (Goethe, Dichtung und Wahrheit).
***) Bei Locke (1632—1704): einige Gedanken über Erziehung, aus dem Englischen übersetzt von Dr. Moritz Schuster, Leipzig; Francke (1633 -1727): de scopo librorum veteris et novi testamenti. Methodus studii theologici; Rousseau (1712--1778): Emile, ou de l'éducation; Basedow (1723—1790); Pestalozzi (1746—1827): Lienhard und Gertrud, die Abendstunde eines Einsiedlers. Wie Gertrud ihre Kinder lehrt; etc. finden sich Anklänge an Comenius. Besonders aber in der Didaktik ist er Muster aller Pädagogen geworden. Hierüber finden sich, ungeachtet der ziemlich grossen Literatur über das Leben und Wirken des Comenius, nur hie und da vereinzelte Meinungen ausgesprochen. Die beste Arbeit über Leben und Wirksamkeit des Comenius ist die Darstellung, welche

dies insbesondere beziehentlich Basedow's nachgewiesen werden, jedoch unter Beschränkung auf das eigentlich didaktische Element.

Unsere Aufgabe wird dahin gehen, zu untersuchen, in wie weit die didaktischen Ideen Basedows von denen des Comenius abhängig sind. Die schriftstellerische Thätigkeit Basedows ist wie die des Comenius sehr gross,*) pflegte er doch scherzend zu sagen, wie uns Meier**) erzählt, dass er seine vielen Schriften selbst nicht mehr nach den Titeln kenne, ja dieselben sogar nicht einmal mehr besitze. Wir werden jedoch nur die bedeutenderen derselben in Betracht ziehen, denn nicht ganz mit Unrecht, obwohl übertrieben, sagt Meier: ***) Alle voluminösen Schriften dieses Mannes könnten in ein tragbares Paquetchen zusammengezogen werden, wenn die vielen Wiederholungen und Um- und Einkleidungen derselben ausge-

---

auf Grund neuer Quellen Gindely in Bd. XV. S. 482 der Sitzungsberichte der philosophisch-historischen Klasse der kaiserlichen Akademie der Wissenschaften zu Wien gegeben hat. Tüchtige Arbeiten sind ausserdem: Dr. Pappenheim, Comenius, der Begründer der neuen Pädagogik. Berlin 1871; G. F. von Criegern. Comenius als Theolog. Leipzig und Heidelberg; L. W. Seyffarth, Comenius nach seinem Leben und seiner pädagogischen Bedeutung; die Einleitungen des Dr. Lion, Dr. Lindner und Zoubeck in der deutschen Uebersetzung der Didactica magna; Kleinert. Amos Comenius in den theologischen Studien und Kritiken 1878 I.; Hermann Hoffmeister, Comenius und Pestalozzi als Begründer der Volksschule, Berlin 1877 'zeichnet die Gegensätze zwischen Comenius und Pestalozzi, -beide reichen sich wie Schiller und Goethe die Hände-). Die vergleichende Seite berücksichtigt neben Criegern (a. a. O. Cap. 7) auch I. Kvacsala: Comenius' Philosophie, insbesondere Physik, Leipzig 1880. indem er den Einfluss Platos, Campanellas, Bacons, Alsteds und Vives' auf Comenius zeichnet. Ferner erschienen über Comenius verschiedene czechische Studien und mehrere Artikel in deutschen pädagogischen Zeitschriften.

*) Die Behauptung von Michel Bréal im Dictionnaire de pédagogique et d'instruction primaire, publié par F. Buisson, Paris 1882, I-re partie, Tome I. S. 174—175: <les ouvrages de Basedow sont peu nombreux> beruht auf Irrthum.

**) Meier, J. B. Basedows Leben, Charakter und Schriften, unparteiisch dargestellt und beurtheilt. Hamburg 1791. 1. Thl. S. 100.

***) Meier a. a. O. S. 101.

lassen würden. Als Hauptwerke Basedows aber gelten sein «Methodenbuch für Väter und Mütter der Familien und Völker» und das «Elementarwerk, ein geordneter Vorrath aller nöthigen Erkenntniss zum Unterricht der Jugend vom Anfang bis in's akademische Alter, zur Belehrung der Eltern, Schullehrer und Hofmeister, zum Nutzen eines jeden Lesers, die Erkenntniss zu vervollkommnen.» *) Auf beide Werke werden wir uns in Folgendem zumeist stützen, indem wir ausserdem nur noch jene Dissertation berücksichtigen, welche er im Jahre 1752 unter folgendem Titel veröffentlichte: «De inusitata et optima honestioris juventutis erudiendae methodo, tum in reliquis studiis scholasticis, tum præcipue in lingua latina.» **)

Der erste, der uns auf das Verhältniss Basedows zu Comenius aufmerksam gemacht hat, ist Niemeyer. Er sagt: «Basedow verleugnete es nie, wie viel er aus Rousseau geschöpft und mit seinen eigenen Ideen verschmolzen habe. Daneben legte er einen grossen Werth auf den merkwürdigsten Pädagogen des 17. Jahrhunderts, Amos Comenius, dessen Grundsätze über Didaktik er fast ganz zu den seinigen machte.» Eben derselbe sagt dann weiter: «Basedows Elementarbuch erschien im Jahre 1774 unter dem Lobe und dem Tadel der Zeitgenossen, in drei Sprachen mit 100 Kupfern. Die gemalte Welt des alten Comenius stand neu geschaffen da. Besser waren, freilich Text und Kupfer aber dennoch höchst zerstreuend wegen der planlosen Mannigfaltigkeit der Gegenstände auf derselben oft viergetheilten Tafel.» ***)

In ähnlicher, zum Theil noch eingehenderer und entschie-

---

*) Dieses Buch ist in 4 Bände eingetheilt und mit 100 Kupferstichen von Chodowiecki ausgestattet.

**) Nebenbei berücksichtigen wir noch: »Die praktische Phylosophie«, »Methodischer Unterricht sowohl in der natürlichen als biblischen Religion« und »Vorstellungen an Menschenfreunde und vermögende Männer über Schulen und Studien und ihren Einfluss in die öffentliche Wohlfahrt«. Alle diese Werke enthalten mehr oder weniger erzieherische Gedanken und verfolgen eine Reformation der Schulen.

***) Niemeyer, Grundsätze der Erziehung und des Unterrichts. 3. Theil. 8. Aufl. 1825. S. 592 u. 593.

denerer Weise haben sich dann fast alle neueren Darsteller der Erziehungsgeschichte ausgesprochen, wie z. B. Zoubeck *) und Göring. **) Aber auch Basedow selbst bezeugt es, dass er die Werke des Comenius gekannt hat. Ich kenne, sagt er, die Werke des Beaumont, das Reccard'sche Lehrbuch, die Sachen der Berliner Realschule und des Comenius. Die verschiedenen Grade ihrer Verdienste sind sichtbar und mir nicht unnütz. Und weiter: Hätte endlich Comenius mit seinem Eifer für die Jugend sich der Einsicht unserer Zeiten bedienen können, so hätte ich kein Elementarwerk geschrieben, sondern höchstens eine Anweisung zum Gebrauche jener Schriften. ***)

*) J. A. Comenius, Grosse Unterrichtslehre, bearbeitet und mit Erläuterungen versehen von Julius Beyer und Franz Zoubeck, 4. Aufl. CXXXI: Hätte Basedow das kindliche Gemüth des Comenius gehabt, so würde er ihm in noch mehr Beziehungen ähnlich sein, als er schon ist. Die Ziele, welche jener in seinem Philantropin verfolgte, gehen mit den Humanitätsbestrebungen des Comenius vielfach parallel, nur dass sie nicht einen so allgemeinen Charakter an sich tragen. Basedow's Elementarwerk mit Kupfern war ein verjüngter Orbis pictus; das Lebendige und Naturgemässe im Unterricht, sein Streben, die alten Sprachen an der Gegenwart zu üben und durch seine gesammte Erziehung Thätigkeit und frischere Weltanschauung zu befördern, ferner den Unterricht in den Sprachen abzukürzen und den Unterricht angenehm und leicht zu machen, und noch manches andere erinnern unwillkürlich an Comenius.

**) J. B. Basedows ausgewählte Schriften mit Basedows Biographie, Einleitungen und Anmerkungen hrsg. von Dr. Hugo Göring, Langensalza. III: «Arm an schöpferischen Ideen, ja unfähig originaler Conception, verarbeitete Basedow den Gedankenreichthum, den ihm die Bahnbrecher Amos Comenius und John Locke überliefert hatten. Erst dem 18. Jahrhundert war es vorbehalten, die Ideen beider zu beleben. Schon in Beziehung auf philosophisches Denken mochte Basedow von Amos Comenius beeinflusst sein, dessen universalistisches Streben für die ganze Zeitrichtung des Reformators der Erziehung massgebend gewesen war. Speciell aber waren es die didaktischen Grundsätze des genialen Vorläufers, denen sich der pädagogische Praktiker des 18. Jahrhunderts eng anschloss.»

Basedow's Zeitgenosse Meier a. a. O. S. 106: Basedow hatte einige ältere und neuere Schriften so weit gelesen und studiert, dass er den Stoff und die Anlage eines grossen Theiles seiner Bücher daraus hergenommen hat.

***) Documentirte Beschreibung der Schlözer'schen Thaten» in den

Indem wir uns nunmehr der angekündigten Untersuchung zuwenden, werden wir zunächst die Frage vom:
Begriff und Zweck der Erziehung und des Unterrichts und von ihrem gegenseitigen Verhältniss entwickeln, um alsdann insbesondere
die Mittel und die Zeit,
die allgemeinen Grundsätze,
den Stoff,
die Anstalten des Unterrichts zu betrachten und schliesslich die Anforderungen an
die Zucht der Schule und an
die Person des Lehrers zu beleuchten.

II.

Begriff und Zweck der Erziehung und des Unterrichts und das Verhältniss beider zu einander.

Der Mensch ist, so lehrt in Uebereinstimmung mit der Bibel, Comenius, von Gott erschaffen als das vollkommenste Geschöpf, als sein Ebenbild (operum divinorum colophon mirabilis epitome). Als solches muss der Mensch auch das höchste Ziel haben, und dies kann kein anderes sein, als selige und ewige Gemeinschafft mit Gott. (Finem ergo ultimum hominis esse patet æternam cum Deo beatitudinem.*) Das letzte Ziel des Menschen reicht über das irdische Leben hinaus. Dieses aber, das irdische Leben ist ein dreifaches: ein vegetatives, ein animales und ein intellectuelles oder spirituales. Jenes erste Leben,

---

Viertelj. Nachrichten 2. Stück. Vrgl. noch: Raumer a. a. O. 2. Theil' S. 64; Schmid a. a. O. 1. Bd. S. 950; Schmidt a. a. O. 3. Bd. S. 645; Hahn, Basedow und sein Verhältniss zu Rousseau. Ein Beitrag zur Geschichte der Pädagogik im 18. Jahrhundert. 1885. S. 80–82.
*) Comenii opera omnia C. IV. pars I. p. 20.

welches seine Stätte im Mutterleibe hat, ist eine Vorbereitung auf das zweite, irdische; dieses wieder eine Vorbereitung auf das dritte, welches seine Stätte im Himmel hat. Das dritte ist ohne Ende, es ist die plenitudo absoluta. Für die Vorbereitung auf die Ewigkeit gibt es drei Stufen: 1. Die Erkentniss seiner selbst und der Welt; 2. die Selbstbeherrschung und 3. die Richtung auf Gott. Die erstere bezeichnet Comenius wohl als sapientia oder auch als eruditio; die andere als virtus oder auch als mores honesti; die dritte als religio seu pietas. Er begreift sonach unter der ersteren auch die wissenschaftliche, künstlerische, überhaupt die Geistesbildung, während er unter den mores honesti nicht etwa blos eine gewisse Höflichkeit und Sittigkeit des Benehmens, sondern die ganze innere und äussere Verfassung des Handelnden; unter der Religiosität endlich jene innige, fromme Verehrung versteht, in welcher der Mensch sich ganz an die Gottheit hingibt. Diese drei Stücke umfassen die dem Menschen erreichbare Vollkommenheit. Sie entsprechen den drei Grundvermögen seiner Seele, dem intellectus, der voluntas und der conscientia, und sind bereits keimartig gleichsam wie ein Same semen> in derselben von Natur angelegt. Unter der Natur versteht Comenius, wie er selbst sagt, nicht die Verderbniss, welche nach dem Sündenfall allen anklebt, nicht die ›corruptio adhærens‹, sondern unsere erste uranfängliche Grundbeschaffenheit, die ideale Natur, zu der, als dem Ursprunge, wir zurückgeführt werden sollen ‹constitutio prima, ad quam revocandi sumus›. ›Unter dem Begriff der Natur verstehe ich, sagt er weiter, die allgemeine Vorsehung Gottes oder den unaufhörlichen Zufluss der göttlichen Güte, um alles in allem zu wirken, nämlich in einem jeglichen Geschöpf das, wozu sie dasselbe bestimmt hat. Denn die göttliche Weisheit that nichts vergeblich, d. h. nichts ohne irgend einen Zweck. Alles, was ist, hat seinen Zweck und ist eben deshalb auch mit den einzelnen Werkzeugen und Hilfsmitteln ausgerüstet, ja selbst mit einem gewissen dahin drängenden Triebe, so dass nichts wider Willen und mit Widerstreben, sondern alles rasch und angenehm an der Hand der Natur selbst seinem Ziele entgegengeht. Gleicherweise ist es nun auch gewiss, dass der

Mensch zur Erkenntnis der Dinge, zur Harmonie der Sitten, zur unbegrenzten Liebe Gottes geboren sei, und dass die Wurzeln (radices æternæ) hierzu so sicher in ihm liegen als die Wurzeln eines jeden Baumes in der Erde unter ihm. Andererseits hält nun zwar Comenius fest an dem Dogma von der Erbsünde; er spricht es vielfach aus, dass durch den Fall Adams das natürliche Verlangen des Menschen nach Gott, als dem höchsten Gut, verkümmert sei, und er niemals durch eigene Kraft zum rechten Wege zurückkehren könne; die angeborenen semina seien geschwächt, seien abgeartet, aber (betont er nun mit doppeltem Nachdruck) sie seien nicht vernichtet. Infolge dessen kann der Mensch die ewige Seligkeit durch sich selbst allein nicht erreichen, sondern nur mit Hilfe der Gnade Gottes. «Niemand möge uns, ruft Comenius aus, wenn über das Heil und die Heilung der Menschen berathen werden soll, mit diesem Einwurf der Verderbniss kommen, weil Gott selbst diese durch seinen Geist mit Hilfe geordneter Mittel hinwegräumen will. Hat denn Gott nicht selbst nach dem Sündenfall und nach der Vertreibung der Gefallenen aus dem Paradies alsbald die Setzreiser der neuen Gnade (durch die Verheissung des gesegneten Samens) den Herzen von neuem eingepflanzt? Hat er nicht seinen Sohn gesandt, um das gefallene Geschlecht wieder aufzurichten?

Schimpflich ist es und ein offenbares Zeichen der Undankbarkeit, dass wir immer auf die Verderbniss schelten, von der Wiedergeburt aber nichts wissen wollen; dass wir wohl die Macht des alten Adams in uns anerkennen, der Macht des neuen Adams Christus nicht vertrauen.» Es bleibe also bestehen, dass es für den Menschen natürlicher und durch die Gnade des heiligen Geistes leichter sei, weise, rechtschaffen, heilig zu werden, als dass die hinzugekommene Verkehrtheit den Fortschritt hindere; denn alles kehrt leicht zu seiner Natur zurück. Obwohl aber die Natur die Anlage zur Bildung, Sittlichkeit und Religiosität gibt, gibt sie doch nicht schon die Bildung, Tugend und Religion selbst. Sie sollen also erworben werden. Daher fasst Comenius den Begriff des Menschen als den eines erziehungsfähigen und erziehungsbedürftigen Wesens (animal disciplinabile), das nicht zum Menschen werden kann, wenn es nicht eben dazu erzogen wird. Der Mensch muss zum Menschen erst gebildet werden (Hominem, si homo fieri debet, formari oportere). Es war nothwendig, diese Grundanschauungen des Comenius, die sich in den ersten sechs Capiteln seiner Didactica magna finden, in Kurzem zu entwickeln, da wir sonst nicht imstande sein würden, Begriff und Zweck der Erziehung und des Unterrichts nach Comenius aufzustellen. Jene Anschauungen sind, wie wir gesehen haben, ganz die der Theologie. Er selbst sagt: «Quæ pro juventute scripsi, non ut pædagogus scripsi, sed ut theologus, hoc pro scopo habens, ut gregis Christi agnelli, juventus christiana, externæ literaturæ beneficio ad majora et solidiora promovetur. *) Fragen wir nun, was heisst Erziehung nach Coménius? so gibt er wiederum selbst die Antwort: Erziehen heisst, weise Sorge tragen, dass der Geist der Jugend vor den Gefahren und Uebeln der Welt bewahrt und der in ihr liegende Same der Sittlichkeit durch keusche und beständige Erinnerungen und Beispiele zu einem gedeihlichen Keimen angeregt, mit einem Worte, dass ihr Sinn mit einer wahrhaftigen Erkenntniss Gottes, der Welt und ihrer selbst erfüllt werde, und dass sie so in diesem Lichte zu sehen und den Vater des Lichts über alles zu lieben und zu verehren sich gewöhne. **) Aus diesem Begriff der Erziehung geht hervor, dass sie sowohl negativ als positiv sein müsse. Sie darf sich nicht begnügen, das Kind vor den äusseren verderblichen Einflüssen zu behüten, sondern sie hat es seinen Anlagen gemäss von innen heraus zu entwickeln. Man sieht: diese Auffassung der Erziehung ist ganz dieselbe wie die der heutigen Pädagogik. Der Zweck der Erziehung aber kann kein anderer sein als der des Menschenlebens überhaupt, d. h. er kann, wie schon oben gesagt, nur dahin gehen, dass

---

*) Comenii opera omnia, pars IV Pag. 28.
**) Comenii opera omnia, pars I Pag. 13. Die deutschen Citate gebe ich nach der Uebersetzung von Dr. Th. Lion (Grosse Didaktik von Joh. Amos Comenius) und von Julius Beeger und Leutbecher (Comenius' ausgewählte Schriften) im Vergleich mit dem Original.

der Mensch hier derjenigen Vollendung nachstrebe, durch welche er für ein höheres Leben in und mit Gott sich bereite. Die Vollkommenheit besteht in der Aneignung jener Dreiheit von Bildung, Tugend, Religion, weil sie allein die Grundlage des gegenwärtigen und künftigen Lebens sind. Was den Begriff und Zweck des Unterrichts anbetrifft, so fliessen sie bei Comenius mit denen der Erziehung zusammen. Erziehung und Unterricht sind eines. Denn welches ist der Zweck des Unterrichts und der Schule? Dass *a)* die Anlagen durch die Wissenchaften und Künste ausgebildet, *b)* die Ausdrucksweise veredelt, *c)* die Sitte zu jeglicher Tugend gebildet, *d)* Gott aufrichtig verehrt werde.*) Nur so kann der Mensch zum Menschen werden und sein Ziel erreichen. Und eben darum nennt Comenius die Schulen Werkstätten der Menschlichkeit (humanitatis officionae.**) Comenius ist sich aber wohl bewusst, dass man intelectuelle Bildung besitzen kann, ohne sittliche und religiöse Gesinnung zu besitzen. Er ist gegen eine solche einseitige Bildung, denn, was ist sie ohne gutte Sitten? fragt er Unselig die Bildung, welche sich von der Sittlichkeit ablöst. welche nicht in eine fromme Denkart übergeht? Qui proficit in literis et deficit in morbis, plus deficit quam proficit. Was also Salomon von einer schönen, aber die Vernunft verschmähenden Frau gesagt hat, das könne auch von einem wissenschaftlich gebildeten, aber sitten- und glaubenslosen Menschen gesagt werden: Ein Gelehrter ohne Tugend ist wie eine Sau mit goldenem Haarband. Wie Edelsteine nicht in Blei, sondern in Gold gefasst werden, und beide dann um so glänzender strahlen, so erhöht bei der Vereinigung von Wissenschaft und Tugend eine den Schmuck der anderen. Wo aber zu beiden die wahre Frömmigkeit***) hinzukommt, da wird die Vollkommenheit erreicht.» Mit einem Worte: der Unterricht soll, wie wir jetzt sagen würden, erzieherisch sein.†) Diese Aufgabe des Unterrichts hat Co-

---

*) Comenii opera omnia pars I. pag. 45.
**) Comenii opera omnia, pars I. pag. 58.
***) Ibid. pars. I. pag. 48.
†) «Ich gestehe, keinen Begriff zu haben von Erziehung ohne Un-

menius in allen seinen Schriften vor Augen und consequent durchgeführt.

Wenden wir uns jetzt zu Basedow, um zu sehen, was er unter Erziehung und Unterricht versteht und welche Zwecke er ihnen zuweist. Hier müssen wir von vorneherein feststellen, dass er den Begriff der Erziehung nicht streng formulirt, obwohl er in seinem Methodenbuch und theilweise auch im Elementarwerk eine Theorie der Erziehung gibt. Die Erziehung soll nach ihm negativ und positiv sein. Die negative Seite derselben beruht (wie allerdings auch die positive in ihren Anfängen) auf der Gewöhnung. Die Kinder sollen sehr früh gewöhnt werden, in Worten und Geberden aufrichtig zu sein; sie sollen an Schamhaftigkeit, an Fleiss, an Liebe zur Ordnung und an Reinlichkeit, an Wohlthätigkeit und Dienstfertigkeit, an edle Ehrliebe, Klugheit, Achtung gegen ihre Eltern, Aufseher und andere erwachsene Personen gewöhnt werden. *) Hierin und in der sorgfältigen Verhütung böser Gewohnheiten besteht mehr als die Hälfte der Erziehung, betont er. Wenn aber Seelenkrankheiten (Basedow meint damit üble Neigungen, Unsittlichkeit) bei der Jugend auftreten, dann soll die Erziehung einen energischen Charakter annehmen. Als die kräftigste Arznei gilt ihm der Gehorsam oder die Neigung, dem Willen eines anderen ordentlicherweise als einem überwiegenden Beweggrunde zu folgen. Auf die Mittel, die Basedow zur Erzielung des Gehorsams anwenden will, werde ich jedoch erst später zurückkommen, wenn die Rede von der Schulzucht sein wird.

Den Zweck der Erziehung bestimmt Basedow dahin, **)
dass dieselbe die Kinder zu einem gemeinnützigen, patriotischen und glückseligen Leben vorzubereiten habe. Ob dieser Zweck der Erziehung richtig ist oder nicht, ist nicht die Aufgabe unserer Untersuchung; jedoch kann nicht unberücksich-

---

terricht, sowie ich rückwärts keinen Unterricht anerkenne, der nicht zugleich erziehe.» (Herbarts Werke, hrsg. von Willmann I. 341 Vgl. auch Benecke, Erziehungs- und Unterrichtslehre 2. Bd. 5. Aufl. S. 7—11, wo behauptet wird, dass der Unterricht erziehend wirken soll.
  * Göring a. a. O. S. 50—72.
  ** Ebds. S. 42.

tigt bleiben, dass Basedow das Wort Patriotismus nicht im heutigen Sinne versteht; der Patriotismus ist nach ihm vielmehr die Hingabe an das allgemeine Wohl der Menschen, also wesentlich nichts Anderes, als die von ihm so oft gepriesene Gemeinnützigkeit. Er wendet sich für seine Schulreformen an die «Patrioten» als an die «Menschenfreunde». Er kennt in jedem Stande Patrioten des menschlichen Geschlechts. Für ihn ist es ganz dasselbe, ob seine Zöglinge einer Monarchie oder einem Freistaate angehören, und fast ebendieselbe Stellung nimmt er dem Religionsbekenntnisse gegenüber ein. In seinem »Philanthropin« sollten Christen, Juden, Mohamedaner, Deisten, Dissidenten u. s. w. Platz haben, denn für ihn sind alle Brüder. Er sagt einmal geradezu: «Der Zweck der Erziehung muss sein, einen Europäer (worunter Basedow überhaupt den Culturmenschen versteht) zu bilden, dessen Leben so unschädlich, so gemeinnützig, so zufrieden sein möge, als es durch die Erziehung veranstaltet werden kann. *) Das Philanthropin stellt gleichsam die Weltbürgerschaft im Kleinen dar. **)

Der Unterricht ist nach Basedow ein wichtiger, dennoch aber im Vergleich mit der sittlichen Bildung, welche auch ohne förmlichen Unterricht erworben werden kann, der geringste Theil der Erziehung. Denn es ist möglich, sagt er, ein Kind zu ansehnlichen Graden der Tugend, der Klugheit, der Sittsamkeit und der Glückseligkeit zu erziehen, wenn es auch niemals lesen, schreiben oder memoriren lernt und anstatt alles förmlichen Unterrichts nur eines lehrreichen Umgangs geniesst. Der Unterricht ist somit der Erziehung subordinirt. Er soll aber eben auch nach Basedow im Ganzen dazu helfen, dass der Zögling sich die Zwecke der Erziehung aneigne, und sonach können seine letzten Zwecke keine anderen sein als die der Erziehung.

Blicken wir jetzt zurück. Comenius verlangt, dass die Erziehung negativ und positiv sein soll, und Basedow verlangt thatsächlich dasselbe, wenn schon beide diese Scheidung nicht

---
*) Philanthropisches Archiv, 2. Stück. S. XXXIII.
**) Ebds. S. IV.

betonen und die Bezeichnung, positive und negative Erziehung wohl überhaupt nicht anwenden.*) Für Comenius verschmilzt der Begriff und Zweck des Unterrichts mit dem Begriff und Zweck der Erziehung. Einen wesentlichen, endgültigen Unterschied gibt es nicht. Basedow hält ebenfalls den Unterricht nur für einen Theil der Erziehung, wenigstens erkennt er einen Unterricht, der nicht erziehend wirke, nicht an. Soweit stimmen die beiden Pädagogen daher überein. Ein Unterschied dagegen besteht zwischen Beiden in Betreff des Zweckes der Erziehung. Dieser geht nach Comenius dahin, den Menschen zur vollendeten Menschlichkeit zu bilden und ihn damit zu befähigen, sich zu der wahren Seligkeit in der Gemeinschaft mit Gott zu erheben; er ist demnach ein idealer. Comenius will aber auch, dass der Mensch ein würdiges Glied des Ganzen sei und ihm diene, daher richtet er seine Reformvorschläge an alle Beherrscher der Völker, an Staatsbehörden etc. In diesem Punkte stimmt Basedow mit Comenius überein, dagegen ist die Glückseligkeit, welche er ebenfalls als einen Zweck der Erziehung hinstellt, grundverschieden von der Seligkeit, dem letzten Endziele des Comenius. Basedow ist Eudämonist, wenn auch nicht im gröbsten Sinne. Er nähert sich hier Locke, der bekanntlich die mens sana in corpore sano als Inbegriff menschlicher Glückseligkeit erklärt.**)

---

*) Rousseau, von welchem Basedow in der Erziehungslehre am meisten beeinflusst sein soll, verlangt, dass die erste Erziehung blos negativ sei. Er sagt: »La première éducation doit être purement négative· Elle consiste, non point à enseigner la vertu ni la vérité, mais à garantir le coeur du vice et l'esprit de l'erreur. Si vous pouviez ne rien faire et ne rien laisser faire; si vous pouviez amener votre élève sain et robuste à l'âge de douze ans, sans qu'il sût distinguer sa main droite de sa main gauche, dès vos premières leçons les yeux de son entendement s'ouvriroient à la raison; sans préjugés, sans habitudes, il n'auroit rien en lui, qui pût contrarier l'effet de ses soins. Bientôt il deviendroit entre vos mains le plus sage des hommes; et en commençant par ne rien faire, vous auriez fait un prodige d'éducation. (Emile ou de l'éducation, Berlin, Asher & Co. S. 76).
**) Locke, einige Gedanken über Erziehung a. O. S. 7.

III.

Mittel, Beginn und Dauer des Unterrichts.

Die Unterrichtsmittel anlangend, sagt Comenius, dass im Grunde jeder Gegenstand ein solches sein könne: omnia scibilia. Alles aber soll auch erkennenswerth, soll nützlich sein und alles so viel als möglich den Sinnen vergegenwärtigt werden, nämlich das Sichtbare dem Gesicht, das Hörbare dem Gehör, das Wohlriechende dem Geruch, das Schmackhafte dem Geschmack, das Berührbare dem Tastsinn.*) Damit man weiter einen klaren und bleibenden Eindruck von den Gegenständen bekomme, verlangt z. B. Comenius vom Gegenstande der Anschauung, dass er a) vor die Augen gestellt werde, b) nicht weit hinweg, sondern in angemessene Entfernung, c) nicht seitwärts, sondern gerade vor die Augen, d) nicht so, dass die Gestalt des Dinges umgekehrt oder abgewendet erscheine, sondern dem Auge gerade zugewendet sei, e) damit der Blick zuerst das ganze Ding überschaue, f) dann es in seinen einzelnen Theilen durchmustere, g) und zwar der Reihe nach, vom Anfang bis zum Ende, h) indem er bei jedem Theile so lange verweile, bis i) alles nach seinen Unterschieden recht aufgefasst worden ist.**)

Comenius legt aber darum ein solches Gewicht auf diese ersten sinnlichen Anschauungen, auf ihre Correctheit, Lebendigkeit und Klarheit, weil der Anfang des Erkenntnisses immer von den Sinnen aus geschehen muss, da, wie er im Vorwort zum Orbis pictus und zur Didactica magna sagt, nichts in der Erkenntniss ist, was nicht vorher in den Sinnen gewesen.***)

---

*) Comenii opera omnia, pars I. pag. 115.
**) Comenii opera omnia, pars I. pag. 17.
***) Nihil est in intellectu, quod prius non fuerit in sensu. Man kann Comenius als den ersten ansehen, der diesen Satz in der Pädagogik geltend gemacht hat. Von Baco von Verulam in die Psychologie eingeführt, ist derselbe dann von Locke einer weitergehenden Untersuchung

Daher kann denn auch das Wissen nicht mit einer Worterklärung der Dinge seinen Anfang nehmen, sondern nur mit einer realen Besichtigung, und dann erst, wenn die Sache vor das Auge gestellt ist, möge das erklärende Wort hinzukommen.*) Wenn die Dinge selbst aber fehlen, haben Copien oder Bilder ihre Stelle zu vertreten, und somit betrachtet Comenius diese letzteren als zweites Unterrichtsmittel. Wie es bei den Botanikern, Zoologen, Geometern und Geographen ein zweckmässiger Brauch ist, sagt er,**) dass sie ihren Beschreibungen Figuren beifügen, so liesse sich dies in der Physik und in anderen Gebieten ebenfalls thun. Der Organismus des menschlichen Körpers würde sich z. B. nach unserer Ansicht sehr wohl veranschaulichen und in klarster Weise darlegen lassen, wenn man dem menschlichen Skelett aus Leder gefertigte und mit Wolle ausgestopfte Muskeln, Sehnen, Nerven, Venen, Arterien sammt den Eingeweiden, der Lunge, dem Herzen, dem Zwerchfell, der Leber u. s. w. beigäbe. Dergleichen Abbilder von Dingen, die man selbst nicht haben kann, müssten also für alles Wissenswerthe gefertigt werden, um den Schulen zur Hand zu sein.***) Weil nun bis zur Zeit des Comenius derartige Abbildungen als Unterrichtsmittel nicht in Gebrauch waren, so gab er seinen «Orbis pictus» heraus und ward dadurch der erste, der uns einen Plan des Anschauungsunter-

---

unterworfen worden, besonders im zweiten Buch seines Werkes «Versuch über den menschlichen Verstand.» Vergl. auch Locke «Einige Gedanken über Erziehung», § 216. Bei Rosseau sollen die Sinne sehr gut gepflegt werden, denn sie sind die Organe unserer Kenntnisse. «Comme tout ce qui entre dans l'entendement humain y vient par les sens, la première raison de l'homme est une saison sensitive; c'est elle qui sert de base à la saison intellectuelle: nos premiers maîtres de philosophie sont nos pieds, nos mains, nos yeux. Substituer des livres à tout cela, ce n'est pas nous apprendre à raisonner, c'est nous apprendre à nous servir de la raison d'autrui; c'est nous apprendre à beaucoup croire, et à ne jamais rien savoir.« (Emile a. a. O. S. 118.) Bei Basedow kommen ebenfalls unsere Kenntnisse von den Sinnen.
   *) Comenii opera omnia, pars I. pag. 115.
  **) Comenii Didactica magna, cap. XX.
 ***) Comenii opera omnia, pars I. pag. 116—117.

richts gegeben hat. Als Unterrichtsmittel betrachtet Comenius weiter auch die Sprache. Nicht, als ob die Kenntniss der Sprache an sich einen Theil der Bildung oder der Weisheit ausmacht, sondern weil diese Kenntniss dem Menschen das Werkzeug bietet, sich Bildung anzueignen und anderen mitzutheilen.*) Die Sprachen sind ihm «eruditionis realis vehicula». Daher erklärt er sich gegen das Verfahren der damaligen Schulen, welche die Sprache als Selbstzweck betrachteten, und beklagt sich darüber, dass hier überall die Form voranstehe und der Stoff hintangesetzt werde, da doch die wahre Weisheit nicht in der Wort-, sondern in der Sachkenntniss beruhe (sapientia non in linguarum, sed in rerum cognitione consistit). «Sind doch die Dinge das Wesentliche, die Worte das Zufällige, die Dinge der Leib, die Worte die Hüllen und Schalen», ruft er aus.**)

Basedow denkt in betreff der Unterrichtsmittel nicht anders als Comenius. Auch er zählt zu denselben in erster Linie die Gegenstände selbst. «Wenn ein Gegenstand in der Natur oder im Gespräch vorkommt, sagt er, so denkt nach, ob ihr den Kindern nichts Nützliches sagen könnt a) von seinem natürlichen oder künstlichen Ursprung, b) von den Personen, die daran arbeiten, c) von den Oertern wo er zu finden ist, d) von seinen Theilen, Eigenschaften und Kräften, e) von seinem Gebrauche oder Missbrauche, f) von seinen Veränderungen oder seinem Untergang.»***) Wenn aber die Gegenstände selbst nicht vorhanden sind dann soll man an deren Stelle Abbildungen treten lassen. Für die Nothwendigkeit dieses Ersatzes bringt Basedow folgende Gründe: 1) «Die Erfahrung zeigt, wie sehr alles,. was einem Bilde ähnlich sieht, die Kinder vergnügt, wenn auch nur alltägliche oder solche Sachen abgebildet sind, gegen welche sie gleichgültig zu sein pflegen. 2) Die Betrachtungen und Sit-

---

*) Comenii opera omnia, pars I. pag 127: »Linguae dicuntur non ut eruditiones aut sapientiae pars, sed ut eruditionis hauriendae, aliisque communicandae instrumentum.«
**) Comenii opera omnia, pars I. pag. 73.
***) Göring a. a. O. S. 97.

tenlehren, die bei solchen Figuren angebracht werden, sind lebhafter als andere, dauern länger und werden von einem Kinde dem anderen mitgetheilt und wiederholt. 3) Von vielen sinnlichen Dingen kann man in den Lehrstunden keinen Begriff ohne Abbildung geben, weil sie ausländisch oder wenigstens abwesend sind. 4). Durch Hilfe der Bilder wird der Lehrer leichter verstanden, wenn er bekannte Sachen in einer fremden oder todten Sprache wiederholt, in welcher die Kinder durch diese natürliche Lehrart am leichtesten und geschwindesten zur Fertigkeit gelangen.*) Darum gibt, dem Vorgange des Comenius folgend, Basedow sein Elementarwerk mit Kupferstichen heraus, denn dieses ist nichts anderes als ein Orbis pictus des 18. Jahrhunderts.**) Ebenso trifft Basedow mit Comenius in seiner Anschauung vom Sprachunterrichte zusammen. Auch ihm ist die Sprache blos ein Mittel zur Erkenntniss: «Die Sprachen sind nur ein Mittel, sagt er, nicht der höchste Zweck des Studiums; alles muss auf Sacherkenntnis abzielen.» ***)

Der Unterricht hat nach Comenius mit dem sechsten Jahre zu beginnen. In diesem Alter sollen die Kinder in die Schule geschickt werden; bis dahin gehören sie der Mutterschule› der schola materna), also dem Hause an. Hier unter der Leitung der Mutter sollen sie vorzugsweise die Sinne üben, damit sie sich daran gewöhnen, ihre Aufmerksamkeit auf die sie umge-

---

*) Göring a. a. O. S. 108.

**) Goethe urtheilt: «Jenes Elementarwerk zersplittert die Gegerstände ganz und gar, indem das, was in der Weltanschauung keineswegs zusammentrifft, um der Verwandtschaft der Begriffe willen neben einander steht, weswegen es auch jener sinnlich-methodischen Vorzüge ermangelt, die wir ähnlichen Arbeiten des Amos Comenius zuerkennen müssen› (Dichtung und Wahrheit, Theil 3, Buch 14). Basedow selbst sagt über das Elementarwerk, indem er dasselbe mit einem neuen Gebäude vergleicht: «Steht dieses nur erst brauchbar da, obgleich roh, unansehnlich und schlecht möblirt, so wird sich schon eine Anzahl Kritiker und Verbesserer finden, alles Veränderliche in Symmetrie zu bringen, das rauhe zu behobeln, zu feilen, anzumalen, zu übertünchen, kurz alles das zu thun, was ich nicht kann und nicht will, weil ich den Vorsatz habe, das Nöthigste bald zum Gebrauch fertig zu machen.» (Göring a. a. O. S. 108.)

***) Göring a. a. O. S. 117.

benden Gegenstände zu lenken und diese richtig zu erkennen.**) Dies müsse jedoch leicht und spielweis' geschehen; ein eigentlicher Schulunterricht aber dürfe noch nicht stattfinden. Denn, sagt Comenius in der von ihn selbst ursprünglich deutsch abgefassten Schrift, es ist sicherer, dass sich das Gehirn recht setze, ehe denn es anfängt geschäftig zu sein. Nun macht sich im fünften oder im sechstem Jahre beim Kinde die Hirnschale kaum recht zu, und wird das Gehirn innerhalb solcher Zeit erst fest und standhaft; darum soll man sich wohl zufrieden geben mit dem was das Kind unterdesssen nur bei der einheimischen Uebung von selbst leicht und spielweise begreifen kann. Wer aber dennoch anders thun will, der thut ein Ding, das nichts nütze ist.... Hingegen rathe ich auch nicht, die Kinder länger als bis zum sechsten Jahre daheim zu behalten, weil das Kind alles, was es zuhause lernen soll, innerhalb sechs Jahren gar leicht ausgelernt haben kann, und wenn es dann nicht bald darauf zu guten Uebungen angehalten wird, so wird es sich gewiss an unnützen Müssiggang gewöhnen und verwildern. Ja es ist Gefahr dabei, dass es durch Müssiggang schädliche Mängel auffasse, welche darnach wie ein dichtes Unkraut auszujäten schwer fallen würde.»**) Auf alle Fälle will Comenius, dass die Kinder lieber ein wenig später in die Schule gebracht werden sollen d. h. nach dem sechsten Jahre, als zu früh, denn «mancher Baum trägt schon im Frühling Obst, ein anderer im Sommer, noch ein anderer im Herbst; aber das sieht man, dass die frühe Blüte

---

*) Comenii opera omnia, pars I. pag. 165.
**) Informatorium cap. 11; opera omnia. pars I. pag. 243; vgl. auch Didactica magna, cap. 7.
Informatorium der Muttersprache. Das ist richtiger und augenscheinlicher Bericht, wie fromme Eltern theils selbst, theils durch ihre Ammen, Kinderwärterinen und andere Mitgehilfen ihr theuerstes Kleinod, die Kinder, in den ersten sechs Jahren, ehe sie den Praeceptoren übergeben werden, recht vernünftiglich Gott zu Ehren, ihnen selbst zum Trost, den Kindern aber zur Seligkeit auferziehen und üben sollen. Beeger und Leutbecher, «ausgewählte Schriften des Comenius» Leipzig. Der lateinische Titel ist: Schola infantiae sive de provida juventutis primo sexennio educatione. Das Werk findet sich in der Opera omnia gleich nach der Didactica magna.

eher abfällt, die spätere eher aushält.. Desgleichen dient das frühzeitige Obst oft nur für die gegenwärtige Zeit, das Spätobst aber liegt lange. Darum, wenn schon einige frühzeitige Köpfe zeitig fliegen wollen, so ist es doch gut, sie lieber etwas zurückzuhalten, denn anzutreiben. Sonst kann es wohl geschehen, dass, wer vor der Zeit einen Doctor haben will, der bekommt hernach kaum einen Baccalaureus, bisweilen auch ein Närrchen. Und eine junge Rebe, welche im Anfang allzusehr währt und viel Trauben bringt, trägt sich aus wird in der Wurzel geschwächt und hat nichts Betsändiges .*) Andererseits freilich verlangt er: Quibuscunque hominem ad totius vitae usum instrui volumus, illa omnia mox hac prima in schola implantanda illi erunt;**) und dass es hier doch nicht ausschliesslich bei blossen Sinnesübungen sein Bewenden hat, werden wir sehen, wenn die Rede von dem Stoffe des Unterrichts sein wird. Basedow verlangt,**) dass die Jahre der ersten Jugend grösstentheils dem Wachsthume, der Munterkeit, der

---

*) Informatorium cap. 11; opera omnia. pars I. pag. 244. Dasselbe verlangt Benecke (Erziehungs- und Unterrichtslehre. 4. Aufl. 2. Bd. S. 39): »Lässt man ein fähiges aufstrebendes Kind zu lange, nicht nur ohne Unterricht, sondern auch sonst ohne zusammenhängende geistige Beschäftigung, so kann es geistig verwildern; seine Vorstellungsentwicklung kann so zerstreut, so wild umherschweifend und abspringend, zuerst sich im Bewusstsein ausbilden, und dann auch infolge der davon zurückbleibenden Spuren, als innere Eigenschaft begründet werden, dass es überaus schwer hält, dieselben für einen geordneten und stetigen Fortgang zu gewinnen. Doch behauptet er, dass wir in keiner Weise ein zu spät zu scheuen brauchen; »es unterliegt keinem Zweifel, dass von diesem bei weitem weniger Nachtheil zu befürchten ist als von dem zu früh; dass man also bei der Gefahr sich eher auf die Seite der ersteren neigen müsse, denn man soll zuerst gut für das Physische des Kindes sorgen; geschieht das nicht, so kann infolge der zu frühen Spannung ein früher Tod oder ein sieches Körper- und Geistesleben eintreten.« Vergl. auch Pestalozzi: Wie Gertrud ihre Kinder lehrt : Der erste Unterricht des Kindes sei nie Sache des Kopfes, er sei nie die Sache der Vernunft, er sei ewig die Sache der Sinne, er sei ewig die Sache des Herzens, der Mutter.

**) Comenii opera omnia. pars I. pag. 167.
***) Methodenbuch, 3. Aufl. Göring a. a. O. S. 93.

Uebung des Körpers und der Aufmerksamkeit auf die äusserlichen Handlungen gehören, nicht aber denjenigen Uebungen des Verstandes und Gedächtnisses, durch welche fast alle genannten Wirksamkeiten verhindert werden. Das kurze Vergnügen, die Wissenschaft und Kunst der Kinder zur Schau zu stellen, bezahlt manche Familie ohne ihr Wissen mit dem Leben und der Gesundheit derselben. Keine Jugend wird viel wissen, als entweder durch Zwang, der das Herz verdirbt, oder durch eine übermässige Anstrengung, und wenn beides auch vermieden würde, so ist doch bei der Absicht, seine Kinder früh gelehrt zu machen, die Versäumuug des wichtigeren unvermeidlich.... Die Meisterstücke einer frühen Gelehrsamkeit aber sind nicht nur unnütz, sondern auch schädlich.... Was soll den Kindern diejenige Gelehrsamkeit im zehnten Jahre, deren sie vielleicht niemals, vielleicht aber des Nutzens oder der Mode halber erst im sechszehnten oder zwanzigsten bedürfen?... Nicht zu früh und nicht zum Schaden wichtigerer Zwecke, sondern lieber später als gewöhnlich lasst die Wissenschaft und Einsicht eurer Kinder zu den bestimmten Graden steigen. *) Ueber den Beginn des eigentlichen Unterrichts spricht sich Basedow nicht bestimmt aus. Seine Ansichten haben hier offenbar gewechselt. Im Methodenbuch sagt er: »Ich halte es für nützlich, dass vor Endigung des sechsten Jahres ein Kind mit einer fremden oder todten Sprache nicht beschäftigt werde.... Aber vom Anfang des siebenten bis zum Ende des achten muss, wenn ich rathen soll, die Zeit des Sachunterrichtes so eingetheilt werden, dass das Kind zweimal so viel in der französischen Sprache höre, lese und rede, als in der deutschen. **) Dagegen war Basedow früher anderer Meinung, denn in der ersten und zweiten Auflage des Methodenbuchs muthet er den Kindern schon im dritten und vierten Jahre eine Menge von Kenntnissen zu. Ein Beispiel solcher frühen vorzeitigen Schulung gibt uns seine eigene Tochter *Emilie,* die, nach dem Berichte Wolkes, eines Mitarbeiters

---

*) Göring a. a. O. S. 93 und 94.
**) Göring a. a. O. S. 109.

Basedow's, im Alter von $4^1/_4$ Jahren latein lernte und dasselbe bald mit einer Fertigkeit und Richtigkeit sprach, die von vielen bewundert wurde». Als sie drei Jahre alt war, konnte sie richtig deutsch lesen. Ein Vierteljahr nachher übte sie Wolke in der französischen Sprache, von der sie vorher kein Wort gehört hatte. Nach dritthalb Monaten konnte sie von ihren Bedürfnissen und Umständen so weit französisch sprechen, dass sie der Einmischung deutscher Wörter in den Unterricht nicht bedurfte.*) Aber auch in dem «Elementarwerk» führt er den wirklichen Unterricht unter dem Gewande des Spiels schon in der früheren Jugend ein und bringt das Kind so weit, dass es vor dem Ende des vierten Jahres allerlei, nämlich deutsch, latein und auch etwas Gutgeschriebenes, ingleichen die Ziffern u. s. w., fertig lesen kann, ohne jemals Verdruss dabei zu machen, noch zu leiden, obgleich wenig daran gelegen wäre, wenn diese Fertigkeit erst im siebenten oder neunten Jahre bis auf diesen Grad hätte vervollkommnet werden können.**) Aller dieser Schwankungen und Widersprüche unerachtet bleibt aber doch sicher, dass Basedow wenigstens wünscht, der wirkliche Unterricht möge später eintreten, und die erste Kindheit mehr der physischen Erziehung des Kindes gewidmet sein. Er wünscht also, was Comenius schon ausdrücklich verlangte.

Comenius will, dass der wirkliche Unterricht erst im sechsten Jahre eintrete; Basedow setzt dafür wohl das fünfte an, nimmt jedoch selbst in sein Philantropin erst Kinder vom sechsten Jahre an auf. Beide lassen übrigens Ausnahmen zu, und will man nicht sagen, dass Basedow in diesem Punkte auf Comenius fusse, so steht er ihm doch nahe, während er andererseits den extremen Gegensatz zu Rousseau vertritt, der die Kinder erst vom zwölften Jahre an unterrichtet wissen will. Comenius ist in betreff der Zeitbegrenzung massgebend für immer.

---

*) Wolkes Bericht in der Geschichte der Pädagogik von Carl Schmidt. 3. Bd. S. 657—659.
**) Göring a. a. O. S. 273.

IV.
Die Grundsätze des Unterrichts.

Das Wohl des Staates, der Kirche und der Familie hängt von der Erziehung und Bildung ihrer Glieder ab. Hat die Jugend eine gute Erziehung und eine gründliche Bildung erhalten, dann kann man allezeit eine gedeihliche Weiterentwickelung des Staates und der Kirche erwarten. Nun liegt zwar alle Zucht und Unterweisung zunächst der Familie ob da aber die Eltern einerseits nicht alle gut gebildet, andererseits die Beschäftigungen und Bedingungen des Lebens so mannigfaltig sind, dass jene ihrer erzieherischen Aufgabe nicht in genügendem Grade zu entsprechen vermögen, so ergibt sich die Nothwendigkeit der öffentlichen Schulen. Die Schule ist also im gewissen Sinne ein Ersatz und eine Fortsetzung der Familiensorge; die Personen, welche an der Spitze der ersteren stehen, sind als Helfer der Familie und Stellvertreter der Kirche und des Staates zu betrachten. Alle drei haben ein Interesse, sich an der Pflege und dem Gedeihen der Schulen zu betheiligen. denn ihr Wohl ist bedingt von dem Wohle der Schulen. Eine gute Schule aber fordert tüchtige Leiter und Lehrer und mithin auch fruchtbare Methoden. Dies sind die Grundgedanken des Comenius, und sie finden sich in allen seinen Werken ausgesprochen. Bis zu seiner Zeit haben die Schulen zu einer guten Erziehung und gründlichen Bildung im Ganzen verhältnissmässig wenig geleistet. Und warum? «Weil man bei dem Unterricht der Jugend eine so harte Zucht angewendet hat, dass die Schulen gewöhnlich als Schreckmittel, als eine Folterkammer der Geister angesehen wurden, und der grösste Theil der Schüler in seinem Widerwillen gegen Wissenschaften und Bücher zu den Werkstätten der Handwerker oder sonst einem Lebensberuf flüchtete.» *) In welcher Ord-

---

*) Comenii opera omnia, pars I, Pag. 49, 50.

nung und mit welchem Erfolge die Wissenschaften in den Schulen betrieben wurden, darüber urtheilt Comenius folgendermassen: »Man ist etwa in der Weise vorgegangen, dass man den menschlichen Geist mit dem, was er innerhalb eines Jahres zu erfassen vermochte, fünf, zehn Jahre und noch länger aufhielt. Was in der angenehmsten Weise dem Geiste hätte eingeflösst und zu eigen gemacht werden können, das wurde mit Gewalt hineingepresst, gestopft und gehämmert. Was klar und deutlich vor die Augen hätte gestellt werden können, das wurde unverständlich, verworren und verwickelt, gleichsam in Räthseln hingeworfen. Um beispielsweise nur das Studium der lateinischen Sprache zu berühren, guter Gott! wie wüst, wie mühevoll, wie weitläufig war dieser Unterricht! Rascher erlernen Marketender, Trossknechte und Handwerker eine beliebige fremde Sprache, ja zwei oder drei derselben, als die Zöglinge der Schulen bei dem grössten Aufwande von Zeit und Mühe die einzige lateinische. Und mit wie ungleichem Erfolge! Jene können nach einigen Monaten geläufig schwatzen; diese bringen kaum nach fünfzehn oder zwanzig Jahren — gemeiniglich auch dann nicht ohne die Stütze ihrer Grammatiken und Lexica — einige lateinische Brocken unter Zögern und Stammeln hervor. Woher anders eine so schreckliche Vergeudung von Zeit und Arbeitskraft, als von einer fehlerhaften Methode?»*) Was man ganz besonders dem jugendlichen Gemüthe hätte einpflanzen sollen, religiöse und sittliche Bildung, das sei vernachlässigt worden; mit einem Worte: man habe die erzieherische Seite des Unterrichts gar nicht berücksichtigt. Das beweise die gelockerte Zucht fast aller Schulen und die Sittenlosigkeit aller Stände. Comenius bezeugt, dass er selbst einer von denjenigen ist, die unter solchen Umständen ihre Jugend verloren haben.**)

---

*) Comenii opera omnia, pars I, Pag. 50, 51.
** Ebds. Pag. 51: »Von vielen Tausenden bin ich auch ein solches armseliges Menschenkind, dem der lieblichste Frühling des ganzen Lebens die blühenden Jahre der Jugend, in unnützem Schultreiben elendiglich verkommen sind. Ach, wie oft hat mir, als mir Besseres zu schauen ver-

Um endlich eine baldige Besserung der Schulen herbeiführen zu können, gibt er seine verschiedenen didaktischen Werke heraus, in denen die vorzüglichsten Rathschläge enthalten sind, wie man die bisherigen Irrthümer vermeiden könne. Das bedeutendste derselben ist die Didactica magna, deren Alpha und Omega sein soll: Investigare et invenire modum, quo docentes minus doceant, discentes vero plus discant: scholae minus habeant strepitus, nauseae, vani laboris; plus autem otii, deliciarum, solidique profectus: respublica christiana minus tenebrarum, confusionis, dissidiorum; plus lucis, ordinis, pacis et tranquillitatis *).

Die dem entsprechenden methodischen Grundsätze des Comenius sind entstanden aus eindringenden Beobachtungen und Studien alles dessen, was der Schule noth that. Comenius ist der Begründer und Meister der Didaktik. Doch wurden seine Rathschläge von den Zeitgenossen wenig beachtet, und die Lage der Schulen blieb im allgemeinen dieselbe wie vor ihm. Ein Jahrhundert später erhob Basedow seine Stimme, um abermals den Eltern, Patrioten, Herrschern und allen Menschenfreunden zu zeigen, auf welche Weise eine bessere Erziehung und Bildung der Jugend erzielt werden könne.

Basedow sagt:**) «Das menschliche Geschlecht kann merklich verbessert werden nur durch die Verbesserung der Schulen.»

Ferner***): «Ihr vernünftigen Patrioten des menschlichen Geschlechts und der Staaten, ihr seid mit mir einig, dass die öffentliche Glückseligkeit von der gemeinen Glückseligkeit der Bewohner nicht unterschieden sei».

An anderer Stelle sagt Basedow weitergehend, dass die Sittlichkeit und Glückseligkeit des menschlichen Geschlechts

---

gönnt wurde die Erinnerung an die verlorene Lebenszeit Seufzer und Thränen ausgepresst; ach, wie oft hat mich jener Schmerz zu dem Ausrufe gezwungen:

O mihi praeteritos referat si Jupiter annos!«

*) Comenii opera omnia, pars I. pag. 6. (Die Zahl 4 ist ein Druckfehler).

**) Methodischer Unterricht der Jugend in der Religion nnd Sittenlehre der Vernunft. S. LVI.

***) Methodenbuch, citiert von Göring a. a. O. S. 185, 186.

im Laufe der Zeit in immer grössere Gefahr und Abnahme komme. Hieran ist vornehmlich die sehr ausgebreitete Beschaffenheit desjenigen Standes schuld, welcher aus Gelehrten, die den Namen verdienen, bestehe und das moralische Salz des menschlichen Geschlechts wider die Fäulniss des Verstandes und Herzens sein sollte. Er betont, dass die Quelle dieses Uebels grösstentheils die Universitäten seien. «Und dennoch ist es ein vergeblicher Wunsch, diesen unaufhörlichen Zufluss des gelehrten Standes mit einem den Anstalten angemessenen Vortheile zu verbessern, so lange die Gymnasien oder die früheren (d. h. die vorbereitenden) Schulen der Studierenden nicht verbessert sind. Denn der Strom erhält sein Wesen von den Bächen, aus deren Zusammenflusse er entsteht..... Die gründliche Verbesserung der Schulen ist nicht möglich, so lange die üblichen Lehrbücher und Methoden viele sehr verbreitete Fehler behalten. Diese Methoden und Lehrbücher stimmen weder in ihrem Anfange mit den Elementen des Verstandes der Kinder, noch in ihrem Fortgange mit den Graden des natürlichen Wachsthums desselben überein. Man hat versäumt, sowohl das Nothwendige leicht und angenehm, als das Angenehme zugleich nützlich zu machen. Die im ganzen Leben und die in allen Ständen gemeinnützige Erkentniss wird zu sehr vernachlässigt, und zum Schaden des Verstandes und Willens die weniger nützliche Wortkenntniss auf solche Art befördert, welche ohne grosse Unlust und Zwangsmittel nicht möglich ist und die Seelen der Menschen erniedrigt.» Basedow ist wie Comenius auch einer von denjenigen, die unter solchen Umständen gelernt haben. Ich bin in meinen Schulen und von meinen Führern, sagt er, nicht zum Manne gebildet worden, wünsche aber, dass die Nachwelt wieder Männer erhalte. Darum verlasst uns, ihr Vocabelbücher, ihr Donate, ihr dickbändigen Grammatiken, ihr Phrasenbücher, du Exponieren, Analisieren, du Imitieren, du Variieren, du Memorieren, du Aufsagen, du Schlägekriegen, velasst uns, ihr Silbenstecher und ihr Misshandler der besten Autoren! Verlasst uns auch, ihr unzeitige Moralisten, ihr mit der Religion des Herzens höchst unbekannten Religionsbläuer, ihr streitbaren Polemiker und Ketzermacher in den öffentlichen

Schulen.... verlasst uns! Denn solche Schulen werden doch mit der Zeit wüste; solche Praeceptoren wird man nicht lange mehr suchen.*) Basedow gibt nun besonders im Methodenbuche viele Rathschläge, wie man leichter, gründlicher und schneller lernen könne als bisher. Doch erscheint fast alles, was er in dieser Beziehung darbietet, als eine Wiederaufnahme der Gedanken des Comenius. Mag uns Basedow immerhin bedenkend erscheinen und hat er in der That um eine zeitgemässe Umwandlung der traditionnellen Erziehung und Unterweisung der Jugend Verdienste erworben, so ist und bleibt doch in der Didaktik Comenius der schöpferische Geist.**) Basedow hat es nur verstanden aus dem Comenianischen Schatze das ihm Passende auszuwählen.

So stimmen denn Comenius und Basedow in ihrem Klagen über die schlechte Verfassung der Schulen überein; dieselbe könne allein durch tüchtigere Lehrer und durch leichtere Methoden gebessert werden. Nach beiden hängt das Wohl des Staates, der Kirche und der Familie von dem Wohle des Individuums ab, und dieses wieder kann seine Glückseligkeit nur durch gute Erziehung und durch gründliche Unterweisung erlangen. Einen Weg dahin aber habe die Schule bisher nicht gezeigt, die Schuld falle auf die Lehrer, die schlechten Methoden und die Universitäten. Erst wenn die Lehrer gut gebildet werden, und wenn leichtere Methoden in die Schulen eingeführt seien, erst dann könne man bessere Zeiten erwarten, behauptet sowohl Basedow als Comenius.

Lassen wir nun beide sich über die Art und Weise, wie man unterrichten soll, aussprechen der erste Grundsatz des

---

*) Göring a. a. O. S. 279.
**) Wünschenswerth ist eine Abhandlung über das Verhältniss des Comenius als Didaktiker zu Ratke (Ratichius). Man hat wohl in dem letzteren gewissermassen eine Quelle für den ersteren erblicken wollen, und sicher ist, dass Comenius im Jahre 1629 sich wiederholt brieflich an Ratke wandte, um von diesem Auskunft über seine Methode zu erhalten. Aber er erhielt keine Antwort. (Vgl. Comenii opera omnia, pars II. pg. 282.

Möglich jedoch, dass er die Lehrmethode seines Vorgängers aus den Berichten über dessen Didactica durch Professoren der Universitäten Jena und Giessen kennen gelernt.

Unterrichts ist nach Comenius, dass er naturgemäss sei. Diese Naturgemässheit ist die oberste didaktische Richtschnur. «Die Kunst vermag nichts als die Natur nachzuahmen» (artem nihil posse nisi naturam imitando. *) Ich gebe zu, dass Dittes **) und Hoffmeister ***) mit Recht bemerken, Comenius fasse den Ausdruck «naturgemäss» nicht eben in dem Sinne der heutigen Pädagogik, er verstehe unter Natur nicht die innere Natur des Kindes. Aber durch die verschiedenen Beispiele, die Comenius aus der äusseren Natur entnimmt, führt er uns doch in der That, wenn auch unwillkürlich, darauf hin, das Kind nach denselben Regeln im Unterrichte zu behandeln, nach welcher wir es jetzt behandeln. Das äussere Naturleben ist für Comenius geradezu ein Spiegel, der uns zeigt, wie wir mit dem Kinde zu verfahren haben; die Uebertragung auf das innere Leben ergibt sich wie von selbst. «Inventutis formator, aeque ut medicus, naturae minister tantum est, non dominus.» †) Allerdings verfällt nun Comenius, indem er allenthalben diesen Symbolen und Bildern des äusseren Naturlebens nachgeht, nicht selten in Willkürlichkeiten, aber es fehlt auch nicht an mancher geistvollen Deutung, und jedenfalls bleibt es eines seiner grössten Verdienste, dass er die Naturgemässheit als den obersten Grundsatz des Unterrichts hingestellt hat. Diese Naturgemässheit ist nach Comenius ganz von der Individualität des Kindes abhängig, von den gesammten verschiedenartigen Anlagen desselben. Es gibt zuerst Menschen, sagt er, die scharfsinnig, wissbegierig und empfänglich sind; sie sind vor allen anderen für die Studien geeignet; ihnen braucht man nur die rechte Geistesnahrung zu bieten, dann wachsen sie heran, gleich einer edlen Pflanze.

Es bedarf nur der Vorsicht, dass man ihnen nicht gestatte, zu sehr zu eilen, damit sie nicht vor der Zeit abfallen

---

*) Comenii opera omnia, pars I. pag. 63 (die nachfolgende Seite trägt durch einen Druckfehler dieselbe Nummer).
**) Dittes, Methodik der Volksschule. 4. Aufl. S. 75.
***) Hoffmeister a. a. O. S. 13.
†) Comenii opera omnia pars I. pag. 84.

und unfruchtbar werden. Dann folgen die scharfsinnigen aber langsamen Köpfe, deren Willfährigkeit nur des Spornes bedarf. Wieder andere sind scharfsinnig und wissbegierig, aber wild und schroff; solche sind gemeiniglich in den Schulen verhasst und werden gewöhnlich für hoffnungslos gehalten, während sie jedoch bei richtiger Anleitung nicht selten zu grossen Männern heranreifen. Viertens gibt es willfährige und lernbegierige, aber dabei schwerfällige Naturen. Solche folgen wohl gern denen, die vorangehen, auf dem Fusse nach; und damit sie das wirklich können, muss man sich zu ihrer Schwäche herablassen, indem man ihnen keine schwere Last auferlegt, nichts mit Härte von ihnen fordert, sie vielmehr mit Güte trägt, ihnen aufhilft, sie kräftigt und aufrichtet, damit sie nicht den Muth verlieren.... Fünftens sind einige stumpfsinnig und obendrein schlaff und träge: diese lassen sich aber, wenn sich nur keine Hartnäckigkeit einstellt, noch bessern. Aber dabei bedarf es grosser Vorsicht und Geduld. Zuletzt kommen diejenigen, bei denen sich zum Stumpfsinn die Bosheit gesellt: sie sind gemeiniglich verloren. Wir wissen jedoch, dass in der gesammten Natur für alles Verderbliche sich Gegenmittel finden, und dass von Natur unfruchtbare Bäume durch eine richtige Behandlung tragfähig gemacht werden. Daher dürfen wir nicht gänzlich die Hoffnung aufgeben, sondern müssen darauf sehen, wenigstens das Widerstreben gegen das Gute zu bekämpfen und zu beseitigen. Wenn das nicht möglich ist, dann erst dürfen wir das verwachsene und knorrige Holz beiseite liegen lassen, es wäre eitle Hoffnung, daraus einen Merkur zu schnitzen.*) Ungeachtet dieser Verschiedenheit der Anlagen aber stimmen nach Comenius die allgemeinen Grundzüge und Gesetze der menschlichen Natur dergestalt überein, dass doch alle Schüler sich im wesentlichen nach derselben Methode unterrichten lassen. Ja, die Mannigfaltigkeit der Methoden verwirrt oft nur.**) Im Unterrichte soll man immer vom Leichteren zum Schwereren fortschreiten, denn die Natur verfährt stets in eben dieser Weise. Die Bildung des

---

*) Comenii opera omnia, pars I. pag. 57—59.
**) Comenii opera omnia, pars I. pag. 86.

Eies z. B. beginnt nicht mit dem härteren Theile, der Schale, sondern mit dem Dotter. Derselbe wird anfangs von einem Häutchen umgeben und verhärtet sich erst später. Ebenso gewöhnt sich der Vogel, der fliegen lernen will, zuerst daran, auf den Beinen zu stehen, dann die Flügel zu bewegen, darauf dieselben zu schwingen, endlich durch den stärkeren Schwung sich zu erheben und sich zuletzt der freien Luft anzuvertrauen.*) Der Unterricht soll ferner vom Bekannten zum Unbekannten fortschreiten, denn es ist ein verkehrtes Verfahren, wenn in den Schulen so oft etwas Unbekanntes durch etwas gleich Unbekanntes erklärt werden soll. Der Stoff selbst aber möge stets so geordnet werden, dass zuerst die Bekanntschaft mit dem zunächst Liegenden, sodann mit dem Entfernteren, endlich mit dem Entferntesten vermittelt wird.**) Comenius will weiters, dass die Kinder nicht durch ein Uebermass des Lehrstoffes beschwert werden, denn die Natur überlädt sich nicht, sie ist im Gegentheil mit wenigem zufrieden. Sie verlangt z. B. nicht zwei Vögelchen aus einem Ei, sondern ist damit zufrieden, wenn eines recht zu Tage kommt. Es ist also eine Zerstreuung der Geister, wenn den Schülern zu derselben Zeit Verschiedenartiges vorgelegt wird, als etwa Lateinisch und Griechisch neben Rhetorik und dergleichen. Ausserdem soll man im Unterrichten überall langsam vorgehen, denn die Natur übereilt sich nicht, sondern schreitet langsam vorwärts. «Es war bisher eine Quälerei der Jugend, sagt Comenius, dass sie 1.) sechs, sieben, acht Stunden täglich mit öffentlichen Lectionen und Uebungen und ausserdem noch mit einigen Privatstunden in Anspruch genommen ward, oder 2.) dass sie mit Diktatschreiben, mit Abfassung von Exercitien und übermässigem Memorieren bis zum Eckel, selbst bis zum Wahnsinn belastet wurde. Ein Thor, der nicht damit zufrieden ist, die Schüler so viel zu lehren, als sie zu fassen vermögen, sondern so viel, als er eben verlangt! Es wollen ja die Kräfte unterstützt, nicht unterdrückt werden.***) Es wird den Geistern Ge-

---

*) Comenii opera omnia, pars I. pag. 81, 82.
**) Comenii opera omnia, pars I. pag. 82.
***) Comenii opera omnia, pars I. pag. 83, 84.

walt angethan, so oft sie zu dem genöthigt werden, wozu Alter und Fassungsvermögen noch nicht erstarkt sind und so oft sie ohne eine vorangehende genügende Erläuterung und Belehrung etwas auswendig lernen oder darstellen sollen. Demnach möge nichts mit der Jugend versucht werden, als was Lebensalter und Naturanlage nicht blos erlauben, sondern auch erheischen und erstreben; möge man nichts auswendig lernen lassen, als was richtig erfasst und verstanden ist! Und wiederum möge man nichts gedächtnissmässig verlangen als etwas, dessen sicherer Besitz bei den Zöglingen vorausgesetzt werden darf. Nur das endlich werde als Aufgabe gegeben, dessen Form und Norm für die Nachahmung hinreichend gezeigt worden ist.*)

Weiterhin will Comenius, dass man im Unterrichte vom Allgemeinen zum Besonderen fortschreite. Die Künste, Wissenschaften und Sprachen werden schlecht gelehrt, wenn man die Anfangsgründe nicht vorausschikt. «Ich erinnere mich, sagt Comenius, eines solchen Verfahrens, in dem man uns, die wir eben an das Studium der Didaktik, Rhethorik und Metaphysik herangetreten, bald mit ausführlichen Vorschriften, auch mit Comentaren und Erklärungen der Comentare, mit den Streitfragen der Gelehrten überschüttete. So pfropfte man uns die lateinische Grammatik mit allen ihren Anomalien, die griechische sogar mit den Dialekten ein; wir armen Burschen aber blieben stecken und wussten nicht, wo uns der Kopf stand.» Das richtige Verfahren besteht nach Comenius darin, dass dem Geiste der Knaben von der ersten Lernzeit an die Grundlagen, die Elemente der allgemeinen Bildung beigebracht werden; d. h. eine solche Auswahl des Stoffes, dass die später folgenden Studien nur eine Weiterentwickelung der früheren sind.**) Diese vom Allgemeinen zum Besonderen fortschreitende Methode nennen wir die synthetische. Späterhin aber verlangt er nebenher die Anwendung der analytischen Methode, denn die vollkommenste Schule der Kunst besteht nach ihm aus Synthesis und

---

*) Comenii opera omnia, pars I. pag. 84.
**) Comenii opera omnia, pars I. pag. 73, 74.

Analysis.*) Das in einer solchen Naturgemässheit begründete allmähliche, sichere Fortschreiten vom Leichten zum Schweren, vom Bekannten zum Unbekannten; das Nebeneinandergehen der syntetischen und der analytischen Methode im Unterrichte: das sind die Forderungen des Comenius. Hören wir jetzt Basedow. Auch für Basedow ist das Höchste, was er vom Unterrichte verlangt, dass er naturgemäss sei. Was dagegen verstösst, ist schädlich und verwerflich. Daher sagt Heppe**) mit Recht: «Da Basedow als Grundbedingung einer rechten Erziehung die Naturgemässheit ansah, so hat er sich um die Entwickelung der Erziehungsideen und um die Belebung des pädagogischen Interesses wirkliche Verdienste erworben. Er hat das Interesse für Reformen im Unterrichtswesen weithin angeregt und namentlich der althergebrachten, trägen und gedankenlosen Handwerksmässigkeit des Unterrichts in den Schulen wirksam entgegen gearbeitet.»

Man muss andererseits jedoch zugestehen, dass Basedow's Unterrichtsgrundsätze im allgemeinen nicht planmässig entwickelt sind, wie bei Comenius, sondern überall zerstreut liegen. Besonders sein Methodenbuch, von welchem man so viel erwartet, ist in der That sehr planlos. Schlözer***) sagt nicht mit Unrecht: «Nichts ist unmethodischer als dies sogenannte Methodenbuch, es ist ein Gemisch von zufälligen Penseen.» Das Gegentheil kann indess vom «Elementarwerk» behauptet werden. Hier herrscht wirklich Planmässigkeit. Basedow stellt hier an der Hand der Erfahrung eine Reihe psychologischer Typen auf und gelangt endlich zu dem Schlusse, dass der Seele des Kindes Kräfte zukommen, die theils angeboren, theils entwickelt worden, und dass diese Individualität des Kindes sowohl von der Erziehung, als vom Unterrichte allezeit zu be-

---

*) Comenii opera omnia, pars I. pag. 126: Artis perfecta disciplina Synthesi et Analysi constat.
**) Heppe, Geschichte des deutschen Volksschulwesens, I. Band. Gotha, 1858. S. 65—67.
***) La Chalotais, Versuch eines Kinderunterrichts mit Vorrede von Schlözer. S. LIV.

rücksichtigen sei.*) Dazu verlangt er weiter auch die rechte Methode des Unterrichts. Wenn man sie gebraucht, dann «wird kein Kind in der Erlernung der Sprachen u. s. w. grösserer Uebung bedürfen, als es sich mit vollkommener Bereitwilligkeit erwirbt.»**) Darum soll man nicht viel auf einmal lernen lassen, aber in elementarischer Ordnung, die vom Leichteren zum Schwereren fortschreitet und in der Grundlage keine Lücken und Schwächen bleiben lässt.***) Nichts solle man dem Kinde zu memorieren geben, was es nicht gründlich verstanden habe. «Lasst niemals eine Reihe von Worten memorieren, die das Kind einmal ohne Schaden vergessen wird. Worte werden leicht memoriert, wenn der Verstand zugleich ihre Bedeutung denkt, oder das Herz sie empfindet. Alle Worte also, die man den Kindern zum Memorieren vorlegt, müssen ihnen vorher verständlich, und wo möglich, die Materie auch angenehm gemacht werden.» †)

Ausserdem verlangt Basedow noch, dass man im Unterrichte vom Einfacheren anfange und nach und nach zum Zusammengesetzteren fortschreite. Zuerst sei der Gegenstand etwa nur ein Gemälde, welches wenige Vorstellungen oder ein Zimmer, welches wenige Sachen enthält; zuletzt kann es eine grosse Gegend sein, in welcher viele hundert Sachen vorkommen. ††) Trotzdem aber vernachlässigt Basedow die analytische Methode keineswegs; er stellt z. B. das Ganze der Geschichte und Geographie so kurz als möglich dar und kommt alsdann erst zu den grösseren Theilen. †††) Eine Synthese ohne Analyse kann er sich überhaupt nicht denken. In seinen Anschauungen über die Individualität des Kindes, sowie über die Naturgemässheit und Methode des Unterrichts stimmt demnach Basedow mit Comenius überein, wiewohl man Mühe hat, die be-

---

*) Dass Basedow hierin auch bisweilen zu weit gehen mochte, bezeugt Meier a. a. O. S. 213.
**) Göring a. a. O. S. 98.
***) Göring a. a. O. S. 94.
†) Göring a. a. O. S. 98.
††) Göring a. a. O. S. 98.
†††) Meier a. a. O. S. 216.

treffenden Vorschriften Basedows in eine Ordnung zu bringen. Comenius will, dass der Unterricht sich im praktischen Leben verwerthe, und somit proklamirt er das Nützlichkeitsprinzip. Nicht Dinge aus Utopien oder platonische Ideen sollen gelehrt werden, sondern wirklich vorhandene Gegenstände aus unserer Umgebung, deren wahre Kenntniss wahren Nutzen für das Leben bringt. Auf diese Weise werde der Geist sich eifrig damit beschäftigen und genau untersuchen. *) Auch nach Basedow soll alles, was gelernt wird, Nutzen bringen. «Ich dringe so oft auf Sacherkenntniss, sagt er, und man fängt auch immer mehr an, die Nothwendigkeit derselben einzusehen, aber was man dafür ausgibt, muss auch wirklich Sacherkenntniss sein. . . . Der Sachunterrieht muss wirklich dem Verstande neue Vorstellungen geben, nicht aber das Gedächtniss mit neuen Worten anfüllen. Schulen und Lehrer aber können ebensowohl einer sehr schädlichen Pedanterie schuldig werden, wenn sie Worterkenntniss statt der Sacherkenntniss unterschieben, als wenn sie die Jugend mit so vielen und solchen Sacherkenntnissen belasten, welche ihr entweder unnütz sind oder im Falle des Bedürfnisses auf eine besondere Art der Erkundigung und Erfahrung oder deren Bücher nachher bekannt werden können.» Ein kleines Mass nützlicher und gründlicher Erkenntniss sei besser als ein Gemisch zahlreicher Kenntnisse, welche ein Zufall durch einander geworfen zu haben scheine, und auf deren keine, aus Mangel an Zeit, die nöthige Aufmerksamkeit gewendet werden könne. **) So betont Basedow die Nothwendigkeit der Sacherkenntniss allerdings noch schärfer als Comenius, etwas Neues jedoch bringt er nicht bei. Vielmehr fusst er ganz und gar auf jenem. Zur Erlangung wahrer Kenntnisse soll nach Comenius alles, was gelehrt wird, so gelehrt werden, wie es ist und geschieht, d. h. mit Angabe der Ursachen; wird ein Ding anders aufgefasst, als es ist, so haben wir keine Kenntnis, sonden einen Irrthum. Da nun ein jedes Ding seine eigenen Ursachen hat, so heisst die Ursa-

---

*) Comenii opera omnia. pars I. pag. 118.
**) Göring a. a. O. S. 99.

chen eines Dinges erklären, das wahre Wesen derselben überliefern.*) Auch hier stimmt Basedow mit Comenius überein, indem er sagt: Wenn ein Kind alle Theile einer Uhr und alle Instrumente eines Uhrmachers nennt und sich die Figuren derselben vorstellt, ohne von der Kraft und Wirkung der Theile, welche in diesem Kunstwerke sind, einen Begriff zu haben, so hat es gar keine Erkenntniss von einer Uhr, sondern vielleicht nur von einem Kammrade oder (von einem) Sternrade. Es ist der Erkenntniss einer Uhr näher gekommen, aber es hat dieselbe noch nicht wirklich. Wenn es die Theile und Werkzeuge nur nach dem Namen, nicht aber nach ihrer Gestalt und Kraft kennt, so hat es in diesem Stücke schlechterdings keine Sacherkenntniss.»**) Also nur mit Hilfe der Kenntniss der Ursachen ist eine wahre Erkenntniss der Dinge möglich. In engem Zusammenhange mit allen diesen Vorschriften steht die weitere Forderung beider Pädagogen, dass einem solchen Unterrichte ein hinreichender Vorrath von methodischen Büchern zu entsprechen habe. Das Gelingen des Ganzen, sagt Comenius, hängt sehr wesentlich von der Beschaffenheit der «Pammethodischen Bücher» ab; diese selbst aber können nicht das Werk eines Einzelnen, sondern nur einer Anzahl gleichstrebender und die Mühe nicht scheuender Gelehrter sein, welche die Freigebigkeit eines Königs oder Fürsten oder einer Gemeinde beruft und unterstützt. ***) Auch Basedow klagt über den Mangel geeigneter Bücher, durch deren Hilfe die Jugend ohne unnöthige und schädliche Wiederholung und Unordnung auf einem einzigen geraden Wege mit der mindesten Schwierigkeit von der allerersten sinnlichen Erkenntniss bis zu derjenigen geleitet werden könne, welche man den Studierenden überlassen müsse. Oft werden schon in dem Lehrbuch der untersten Klasse eine Reihe von Dingen gelehrt, welche nur dem männlichen Alter oder der reiferen Jugend brauchbar seien. †) Er verlangt eine

---

*) Comenii opera omnia, pars I. pag. 119.
**) Göring a. a. O. S. 99.
***) Comenii opera omnia, pars I. pag. 192.
†) Göring a. a. O. S 209.

Art Encyklopädie (in der Weise der pansophischen Bücher des Comenius,) die alle im Leben nothwendigen Kenntnisse enthalten soll. Endlich ist auch er, wie Comenius, überzeugt, dass diese Aufgabe nicht von einem einzigen Autor erfüllt werden kann: «eine Encyklopädie, eine einförmige Cabinetsbibliothek, ist nicht das Werk eines einzigen oder weniger Männer, sondern mehrerer.»*)

Die Form des Unterrichts soll nach Comenius dialogisch sein; und dies fordert er ganz besonders und zunächst von den Lehrbüchern. Hiefür bringt er folgende Gründe bei: 1) Inhalt und Schreibweise lassen sich leichter dem kindlichen Geiste anpassen, so dass sie sich nicht um Vorstellung von allzu Hohem und Schwierigem mühen. Giebt es doch nichts Traulicheres, nichts Natürlicheres als eine Unterredung, in der allmählich und unmerklich der Geist sich überall hin führen lässt. 2) Gespräche wecken, beleben, unterhalten die Aufmerksamkeit, und zwar wegen der Mannigfaltigkeit der Fragen und Antworten und der mannigfachen Veranlassungen und Formen derselben unter abwechselnder Beimischung von unterhaltendem Stoff; ja infolge der Verschiedenheit und des Wechsels der unterredenden Personnen wird nicht nur jede Langeweile und jede Unlust ferngehalten, sondern es wird eine Lernfreudigkeit erweckt, die immer mehr begehrt. 3) Das Wissen wird dadurch mehr befestigt; denn wie wir uns einer That, die wir selbst mit angesehen haben, bestimmter erinnern als einer, von der wir nur durch Hörensagen wissen, so haftet im Geiste des Lernenden besser, was er in der Weise eines Dramas erlernt und gleichsam erlebt, als das, was ihm im nackten Vortrage des Lehrers vorgeführt wird. 4). Da ein grosser Theil unsres Lebens im redenden Verkehr mit Anderen besteht, so wird in einem solchen Lehrverfahren die Jugend eben dazu angeleitet, indem sie sich gewöhnt, das Nützliche nicht nur zu verstehen, sondern auch sich darüber in mannigfaltiger, gewählter, treffender und flissender Weise auszusprechen. 5). Endlich dienen die Dialoge zu einer leichteren Wiederholung, welche die

---

*) Göring a. a. O. S. 214.

Schüler auch privatim anstellen können.*) Dieser Form des Unterrichts entspricht z. B. freilich nur in seinem Anfange und seinem Schluss, der Orbis pictus. Dieses Werk beginnt: (Magister): «Veni puer! disce sapere». (Puer:) «Quid hoc est? sapere.» (Magister:) «Omnia, quæ necessaria, recte intelligere, recte agere, recte eloqui.».

Bei Basedow ist die Form des Unterrichts theils monologisch, theils dialogisch, wie aus dem Elementarwerk zu ersehen ist. Jedoch erklärt er die dialogische Form für die beste und empfiehlt dieselbe auch den Universitätsprofessoren. Ich wünsche, sagt er, dass der Unterricht, den ein Professor giebt, nicht in einem beständig fortdauernden Reden desselben bestehen möge, wobei ich oft die fleissigsten Zuhörer habe einschlafen sehen. Der Unterricht muss eine Unterredung sein, an welcher die Zuhörer ebensoviel Antheil haben müssen als die Lehrer: dieses wird die beiderseitige Bemühung sowohl lebhafter als nützlicher machen und den Zuhörern die nöthige Uebung und Zuversicht im lehrreichen Wortwechsel geben. **)

V.

Der Stoff des Unterrichts.

Den Stoff des Unterrichts bilden sowohl nach Comenius, wie nach Basedow die Realia, die sogenannte Humaniora und die Religion. Sie hatte der Unterricht auch schon vor Comenius im Auge, aber man kannte die rechte Methode, (wie sie den Kindern anzueignen seien), nicht, auch verstand man unter Realia oft Kenntnisse, die diesen Namen nicht verdienen. Es wird für immer ein Verdienst des Comenius bleiben, die Realia richtig gewürdigt und die rechte Methode ihrer Erlernung angegeben zu haben. Wiederholt beklagt er

---

*) Comenii opera omnia, pars I. pag 107, 108.
**) Göring a. a. O. S. 208. Vgl. noch Basedows methodische Unterricht der Jugend in Religion und Sittenlehre der Vernunft, wo das Kind durch Frage und Antwort unterrichtet werden soll.

sich sehr darüber, dass man in den Schulen die Sprache eher als die Sachen lehre, und doch sage man mit Recht: «res substantia sunt, verba accidens; res corpus, verba amictus; res nucleus, verba cortices et putamina.*) Der Stoff muss vorangehen, die Form folgen: res ante verba discenda. Darum fängt nach Comenius das Kind schon in der schola materna an, die Bekanntschaft mit der Welt der Dinge zu machen. In der darauf folgenden schola vernacula oder Elementarschule bilden den Stoff des Unterrichts ausser der Muttersprache, dem Gesang und der Religion fast nur die Realia. In der schola latina (Gymnasium) nehmen nach der Grammatica sofort den ersten Platz ein, die Physica und Methodica, nicht mehr die Dialectica und Rhetorica, und zwar deshalb, weil die Dinge vor der Art und Weise der Dinge, d. h. der Stoff vor der Form, gelehrt werden müssen.**) Der Spruch: Non scholae, sed vitae discimus sei alt, aber noch nicht befolgt worden, man habe die Realia hintangesetzt, die doch für das Leben von grösster Wichtigkeit seien. In Bezug auf die Kenntniss der Naturgegenstände sollen die Kinder nach Comenius schon vor dem sechsten Jahre, d. h. in der schola materna, so weit gebracht werden, dass sie einen Begriff bekommen, was Wasser, Erde, Luft, Feuer, Regen, Schnee, Stein, Gras, Fisch, Vogel u. s. w. seien. Auch sollen sie Uebung im Gebrauche der Sinne erlangen und dadurch gleichzeitig die Anfangsgründe der Naturwissenschaften kennen lernen.***) Ebenso soll man in der schola vernacula die Kinder in den Gegenständen unterrichten, deren Nutzen sich über das Ganze Leben erstreckt, und vorzugsweise Gedächtniss und Einbildungskraft üben; während in der schola latina der Blick sich über das ganze Reich der Dinge, über Wesen und Wirkung der Elemente, über die Unterschiede der Thiere, Pflanzen und Metalle, den Bau des menschlichen Körpers u. s. w. erstreckt und an ihnen vorzüglich sich Verstand und Urtheil übt.

---

*) Comenii opera omnia, pars I, pg. 73 (Durch ein Versehen kommen die Spalten 73—76 zweimal vor; wir meinen die erste).
**) Comenii opera omnia, pars I, pg. 178.
***) Comenii opera omnia, pars I, pag. 168.

Auch Basedow klagt wie Comenius, dass die vorigen Jahrhunderte einen pedantischen Hang zu den Sprachen und vielen unnöthigen Theilen der Philologie gehabt haben,» *) Eben darum meint er seinerseits, dass etwas Naturgeschichte, Mathematik und Physik nothwendig, aber auch zureichend sei, den Verstand der Jugend so zu üben, dass sie von diesen Sachen alles, wovon sie Kenntniss erlangen muss, nach einer geringen Mühe der Erkundigung und des Anschauens begreifen könne. **) Und so finden wir denn im Elementarwerk die letzten zwei Bücher, das achte und neunte, der Naturkunde gewidmet. Diese enthalten unter anderem folgende Capitel: 1) die erste Kenntniss der Thiere, 2) etwas von den Pflanzen, 3) etwas von den Mineralien, 4) von der Erde u. s. w. Die betreffenden Kenntnisse sollen die Kinder aber so viel als möglich nicht aus blosen Büchern erwerben, sondern sie sollen die Dinge selbst kennen lernen und durchforschen.

Ganz folgerichtig verlangt Comenius seinerseits auch eine Art Naturaliencabinet für schola latina: «optandum.... in qualibet illustri scholares raras et domi non obvias asservari paratas.» Da man aber nicht im Stande sei, alle Gegenstände in Natur zu sehen und zu beobachten, so möge man Bilder als deren Stellvertreter benützen. Aus diesem Gedanken entspringt bekanntlich sein Orbis pictus, in dem er eine Reihe von Naturkörpern und Naturerscheinungen bildlich veranschaulicht. — Aehnlich sagt Basedow, dass ein Realcabinet von Naturalien und Modellen, welches sowohl beim Sprach-, als beim Sachunterrichte in Verwendung käme, nützlicher sei als Kupferstiche.***) Jedoch giebt er auch in seinem Elementarwerke viele Abbildungen aus dem Gebiete der Natur. Beide Pädagogen wollen demnach die Gegenstände in der Natur zeigen und wirken lassen, nur wenn dies nicht möglich ist, auch Abbildungen benützen. †) In der Geographie sollen nach Comenius die

---

*) Göring a. a. O. S. 100.
**) Göring a. a. O. S. 99.
***) Göring a. a. O. S. 100.
†) So stimmt Basedow ganz und gar mit Comenius überein und weicht entschieden von Rousseau ab, der keine Abbildungen der Gegen-

Kinder schon in der schola materna die allerersten Vorkenntnisse erhalten. Hier wird der Anfang damit gemacht, dass die Kinder sich die Begriffe Berg, Thal, Ebene, Fluss, Flecken, Festung, Stadt klar machen, je nachdem die Lage ihres Wohnortes Gelegenheit dazu bietet.*) In der schola vernacula sind neben der Erdkunde die Hauptpunkte der Weltkunde zu lehren.**) In der schola latina endlich erscheint neben und zum theil vor dem Unterricht in den sieben freien Künsten der in der Geographie und hat den Knaben ein Bild des Erdkreises, der Meere nebst den Inseln, der Flüsse, Völkerreiche u. s. w. zu geben.***) Ueberhaupt gedenkt Comenius der Geographie fast in allen seinen Werken. In der Janua z. B. weist er derselben folgende Aufgaben zu: Geographus regionum (etiam quas ipse non peragravit) situm describit, quæ sint in continente, insulis pæninsulis, quæ maritimæ, quæ in meditullio et quonam tractu, sub qua zona et climate vel parallelo, quos habeant hi au illi accolas et quibus terminis ab illis dispescantur et disterminentur et qui illis antipodes etc.†) Auch bei Basedow nimmt die Geographie einen bedeutenden Platz ein. In dem siebenten Buche des Elementarwerkes spricht er von dem Gebrauche der Landkarten, von der Erdkugel, von den Ländern und Meeren, den Erdtheilen, von den Inseln u. s. w. In dem betreffenden Unterrichte soll man nach ihm folgendermassen verfahren: Der Anfang werde gemacht mit dem Grundriss einer Stube, einer Wohnung, einer Stadt und einer bekannten Gegend; alsdann ist der Fortgang zur Karte eines kleineren oder grösseren Landes bis zum Welttheile das Richtige. Endlich folge die Lehre von der Erdkugel.††) Der Lehrgang ist also hier gleichfalls zuerst synthetischer Art, indem er von der Heimat zum Erdganzen fortschreitet.

---

stände will: «Ne montrez jamais rien à l'enfant qu'il ne puisse voir. (Emile a. a. O. pag. 195).
*) Comenii opera omnia pars I. pag. 168.
**) Comenii opera omnia pars I. pag. 173, 174.
***) Comenii opera omnia pars I. pag. 177.
†) Comenii opera omnia pars I. pag 291.
††) Elementarwerk, 2 Ausg. 1775 in 3 Bdn. 3. Bd. S. 149.

Was die Mathematik betrifft, so weicht Basedow von Comenius insofern ab, dass er sehr wenig Gewicht darauf legt und sie in seinen beiden Hauptwerken, dem Methodenbuch und dem Elementarwerke, gar nicht erwähnt. Dagegen spricht Comenius von der mathematicae deliciae, und die Arithmetik schlägt nach ihm schon in der schola materna ihre Wurzeln, indem das Kind erfahren soll, was die Begriffe wenig und viel bedeuten, indem er ferner bis 10*) zählen und beobachten lernen soll, dass 3 grösser als 2 ist, und dass 1 zu 3 gezählt 4 giebt u. s. w. Geometrie wird es sich aneignen, wenn es versteht, was wir gross und klein, lang und kurz, breit und schmal, dick und dünn nennen, sodann, was wir als eine Linie, ein Kreuz, einen Kreis u. s. w. bezeichnen und wenn es sieht, wie wir dies und jenes mit der Spanne, der Elle oder der Klafter messen.**) In der schola vernacula lernt nach Comenius das Kind mit Ziffern und Steinen rechnen, je nachdem es verlangt wird, ferner schulgerecht jede beliebige Länge, Breite u. s. w. messen.***) In der schola latina endlich werden die Schüler herangebildet zu Arithmetik und Geometrie, theils wegen der verschiedenen Bedürfnisse des Lebens, theils weil diese Wissenschaften auch für andere Dinge den Geist wecken und schärfen.†) Doch erkennt auch Basedow, obwohl er die Mathematik im Elementarwerk und im Methodenbuch nicht erwähnt, wenigstens thatsächlich die Nothwendigkeit einer gewissen mathematischen Bildung an, und der Unterricht im Rechnen mochte auf seinem Philanthropin wirklich gut gewesen sein.††) Selbst die Geometrie wurde nicht vernachlässigt, und der Beweis durch theilweise kolorirte Zeichnungen möglichst augenfällig gemacht. Dass aber Basedow bei alledem die Mathematik nicht gebührend würdigte und ihr in seinen Werken nicht den gehörigen Raum gab, mochte vielleicht seinen Grund in der herrschenden Meinung des vorigen Jahrhunderts haben, die nach

---

*) Im Informatorium verlangt er bis 20.
**) Comenii opera omnia, pars I. pag. 168.
***) Comenii opera omnia, pars I. pag. 173.
†) Comenii opera omnia, pars. I. pag. 177.
††) Raumer a. a. O. 2. Thl. S. 244.

Raumer*) dahin ging, dass nur wenige Schüler Talent zur Mathematik hätten.

Bevor wir zu den Humaniora übergehen, ist noch ein Wort über die Handarbeit zu sagen, da sie so eng mit dem realischen Zuge beider Männer zusammenhängt. Comenius spricht sehr häufig von der Brauchbarkeit des Lehrstoffes im Leben. Es sollen daher die Kinder auch schon in der schola materna eine Unterweisung in allerlei kleinen Thätigkeiten erhalten. Sie sollen handliche Gegenstände hier und dorthin bringen, so oder so ordnen, aufbauen und abbrechen, zusammenknüpfen und auflösen u. s. w. In der schola vernacula solle dann der Knabe mit den einfachsten Kunstgriffen der Handwerke bekannt werden, sei es, damit er nicht mit dem, was täglich im menschlichen Leben vor sich geht, völlig unbekannt bleibe, oder auch, damit sich leichter die natürliche Anlage und Neigung zu irgend einem derartigen Berufe kundgebe.**) Mit anderen Worten: die Kinder sollen in der schola vernaculla eine allseitige allgemeine Vorbildung erhalten. «Wenn man diese Norm verfolgt, sagt Comenius,***) dann wird den Jünglingen, und zwar nicht nur denen, die in die schola latina eintreten, sondern auch denen, die sich dem Ackerbau, dem Handel, dem Handwerk widmen, nirgends mehr etwas so Neues vorkommen, dass sie nicht schon hier davon einen Vorgeschmack genossen hätten.» Basedow betont noch schärfer als Comenius die Nothwendigkeit der Handarbeit. Er spricht im Elementarwerk davon, dass ein Knabe auch dasjenige Werkzeug der Zimmerleute, Tischler, Drechsler, Schmiede, Maurer, Gärtner brauchen lernen müsse, dessen man oft zu einer Kleinigkeit in der Haushaltung bedürfe.†) Der Zögling muss ferner nach Basedow vom sechzehnten Jahre an in jeder der vier Jahreszeiten vierzehn Tage mit seinem Führer bei einem Bauer zubringen, um von allen Verrichtugen der Landleute durch eigene Anschauung einen Be-

---

*) Raumer a. a. O. 3. Thl. S. 177.
**) Comenii opera omnia, pars I. pag 174.
***) Comenii opera omnia, pars I. pag. 174.
†) Göring a. a. O. S. 277.

griff zu erlangen.*) Im Methodenbuch sagt Basedow, er wolle die Jugend mit allen Handwerken, allen Künsten, allen Arten der Gewerbe bekannt machen. ***) Und das sechste Buch des Elementarwerkes ist fast ganz den Handwerken und Künsten gewidmet. Die Uebungen in der Handarbeit überhaupt sind für ihn eine wahre Vorschule des Lebens, und in ähnlichem Sinne macht für Comenius die Handarbeit einen Theil der allgemeinen Bildung aus, dessen Gemeinnützigkeit niemand abstreiten könne. Somit stimmen auch hierin beide Pädagogen überein.

Indem wir uns nunmehr zu den Humaniora wenden, betrachten wir zuerst die Ansichten beider Pädagogen über die Sprachen. Comenius verfolgt auch betreffs der Spracherlernung das Princip der Nützlichkeit. «Die Sprachen, sagt er, werden erlernt, nicht als ob sie schon ein Theil der Bildung oder Weisheit wären, sondern als Werkzeug, Bildung zu erwerben und anderen mitzutheilen (vehicula eruditionis realis). Demgemäss sind nicht alle Sprachen zu lernen, was unmöglich wäre, auch nicht viele, was unnütz wäre, sondern nur die nothwendigen. Nothwendig aber ist zuerst wegen des Verkehrs in Haus und Heimat die Muttersprache, wegen des Verkehrs mit den Nachbarvölkern eine jede der Nachbarsprachen; je nach Bedarf und sozusagen für die Gebildeten insgemein, die lateinische; für Philosophen und Aerzte die griechische und arabische, für die Theologen die griechische und hebräische. Es genüge, diese Sprachen soweit zu lernen, dass man darin verfasste Bücher lesen und verstehen könne; nur der Muttersprache und der Lateinischen müsse man eine grössere Sorgfalt widmen, so dass man ihrer vollkommen mächtig werde. Die Muttersprache aber solle die Basis aller anderen bilden. Die Vorzüge der lateinischen Sprache bestehen nach Comenius darin, dass sie 1) wegen ihres Wohllautes, ihres Formenreichthums und der kunstvollen Abrundung ihres Baues eine lingua elegans sei; 2) sie sei eine lingua docta et doctos faciens, weil sie Schätze göttlicher und menschlicher Weisheit erschliesse; 3) eine lingua sacra, weil die Inschrift am Kreuze Christi auch la-

---

*) Göring a. a. O. S. 278.
**) Göring a. a. O. S. 100.

teinisch war, und diese Sprache die Kirchensprache geworden; 4) sie sei schon jetzt den Völkern wie ein gemeinsamer Dolmetscher nothwendig und habe sich gleichsam zur Weltsprache erhoben. *) Basedow verlangt ebenfalls, dass man nur diejenigen Sprachen erlernen solle, die gemeinnützig seien. Auch ihm sind die Sprachen nur Werkzeuge zur Erlangung von Sacherkenntniss; also nicht Zweck, sondern nur Mittel der Bildung. **) Natürlich will auch Basedow, dass das Kind zuerst sich ganz in die Muttersprache einlebe. Er giebt aber hierfür zu wenig Zeit; denn während bei Comenius der Zögling sich bis zum zwölften Jahre nur der Muttersprache bedient, beschränkt Basedow diese Zeit auf die ersten sechs Lebensjahre, bis dahin hat das Kind noch nicht nöthig sich mit einer fremden Sprache zu beschäftigen; vom Anfang des siebenten aber bis zum Ende des achten Jahres müsse die Zeit so eingetheilt werden, dass dasselbe zweimal so viel in der französischen Sprache höre, lese und rede als in der deutschen; alsdann solle bis zum Ende des zwölften Jahres der Unterricht in der lateinischen Sprache die hälfte der gesammten Lernzeit und in einer jeden der vorigen ein Viertel derselben in Anspruch nehmen. Von da an könne bis ins fünfzehnte Jahr, d. h. bis zum Ende des Schulunterrichts, jede der drei Sprachen gleiche Rechte erhalten.***) Basedow erkennt also nächst der sicheren Befestigung der Muttersprache an zweiter Stelle die Erlernung der französischen Sprache als nothwendig an. Diese war im achtzehnten Jahrhundert gleichsam die Verkehrssprache der höher gebildeten Stände überhaupt; daher ist es erklärlich, dass Basedow einen so hohen Werth auf sie legt. An dritter Stelle verlangt er die lateinische Sprache. Ich halte, sagt er, †) den Schulen der gesitteten Stände, nebst der landesüblichen, die lateinische und französische Sprache für gemeinnützig. Weiter sagt

---

*) Vgl. Hiller, die Latein-Methode des I. A. Comenius. S. 11, 12.
**) Göring a. a. O. S. 117: «die Sprachen sind nur ein Mittel, nicht der höchste Zweck des Studiums. Alles muss auf Sacherkenntniss abzielen.»
***) Göring a. a. O. S. 109.
†) Göring a. a. O. S. 118.

Basedow, dass wenigstens den Gymnasien der studierenden Jugend die englische Sprache auch gemeinnützig sei, da wir in ihr die grössten Meisterstücke jeder Art lesen. Einigen könne selbst die italienische nützlich sein. Alles richtet sich also nach dem Nützlichkeitsprincip. Von den morgenländischen Sprachen fährt Basedow fort, wolle er schweigen, weil er von Kirchensachen schweige. Die griechische Sprache ist wegen ihrer Beschaffenheit und ihres Reichthums an vortrefflichen Schriften zwar ohne Zweifel die vorzüglichste unter allen, aber wenn wir ihres unentbehrlichen Nutzens in der geistlishen Gelehrsamkeit der Christen nicht erwähnen wollen, so zweifle ich, ob die Erlernung derselben in den Gymnasien allen Studierenden gemeinnützig sei*.) Damit übereinstimmend hatte Comenius gesagt, dass die griechische Sprache nur für Philosophen und Theologen nothwendig sei, ihr aber doch einen, wenn auch nur beschränkten Platz in der schola latina gegeben. Bei allem Unterrichte fragt auch er, quem habiturum sit aliquid usum.

Die leichte und kurze Methode zur Erlernung der Sprachen umfasst nach Comenius folgende Regeln: 1.) jede Sprache möge für sich allein gelernt werden, 2.) für die Erlernung jeder Sprache werde ein bestimmter Zeitraum festgesetzt, 3.) jede Sprache werde mehr durch den Gebrauch als durch Regeln gelernt, d. h. durch möglichst häufiges Hören, Lesen, Wiederlesen, Abschreiben, schriftliche und mündliche Nachahmungsversuche, jedoch mögen 4.) Regeln den Gebrauch unterstützen und befestigen, 5.) zu diesem Zwecke aber müssen sie einfach gehalten, wirklich grammatische, nicht philosophische Regeln sein, d. h. sie sollen nicht in spitzfindiger Weise nach den Verhältnissen und der Herkunft der Wörter, Sätze, Verbindungen, warum das so oder so heissen müsse, forschen, sondern schlecht und recht erklären, was dasteht u. s. w. 6.) Die Norm für die Abfassung der Regeln einer neuen Sprache gebe die früher erlernte Sprache, so dass nur der Unterschied, welcher zwischen beiden besteht, nachgewiesen wird.

---

*) Göring a. a. O. S. 119.

7.) Die ersten Uebungen in der neuen Sprache haben sich an einen bereits bekannten Stoff anzuschliessen. Dann brauche man den Geist nicht zu derselben Zeit auf Sachen und Worte zu richten und dadurch zu zerstreuen und zu schwächen, sondern nur auf die Worte, und könne sich so dieselben leichter und schneller aneignen.

Alle Sprachen lassen sich also nach einer und derselben Methode lernen, nämlich durch den Gebrauch; dazu kommen dann noch leicht fassliche Regeln, die nur die Verschiedenheit von der bereits bekannten Sprache nachweisen, und Uebungen an bekannten Stoffen.*) Ausserdem verlangt Comenius, dass das sprachliche Studium parallel mit dem der Dinge vorschreiten müsse.**) Die Methode Basedow's ist keine andere. Auch er will, dass jede Sprache für sich allein gelernt werde. Der Gebrauch sei der Lehrmeister, nicht die Grammatik; man könne in einer Sprache ein meisterhafter Schriftsteller werden, ohne jemals etwas von der Grammatik derselben zu wissen. «Denn, behauptet er weiter, Vernunft und Reichthum an Erkenntniss und Worten lehrt uns: vernünftig; die Uebung und der Geschmack an guten Schriftstellern: schön schreiben; ein gewisser Grad der Fertigkeit ist ohne einen gewissen Grad der Richtigkeit nicht möglich, und zu alle dem hat die Grammatik noch nichts beigetragen; denn sie lehrt nur, wenn jene Fertigkeit erreicht ist, solche Fehler meiden, welche den Lehrern und den am meisten gelesenen Schriften gewöhnlich sind oder nur in solchen Redensarten vorkommen, die nicht häufig genug gebraucht werden, um uns durch das Gehör zur Richtigkeit zu gewöhnen. ***) Jedoch will Basedow die Grammatik nicht aus der Zahl der Studien verbannt wissen, sondern ihr nur nach dem Ende der Uebungen in der Fertigkeit den rechten Platz anweisen.†)

---

*) Comenii opera omnia, pars I. pag. 128, 130.
**) Comenii opera omnia, pars I. pag. 127. Vergl. noch die Praefacio zur Methodus nova, cap. II. pag. 10.
***) Göring a. a. Orten S. 109. 110.
†) Göring a. a. O. S. 110.

Mit andern Worten: er verlangt wie Comenius, dass erst nach einem gewissen Cyklus von Uebungen die Regeln einzutreten haben. Wort für Wort stimmt er mit Comenius überein, wenn er sagt: «Die Grammatik der Landessprache muss einem jeden die erste sein; in todten und fremden bedarf es dann keiner anderen Regeln, als durch welche die Abweichungen derselben von jener schon bekannten gelehrt werden; denn das Uebereinstimmende darf man als bekannt voraussetzen. *) Dagegen weicht Basedow von Comenius ab und befindet sich sogar im Gegensatz zu ihm, wenn er verlangt, dass der Anfang mit einer allgemeinen oder philosophischen Grammatik gemacht werden solle, «um den nötigen Kunstwörtern ihre angemessene Bedeutung zu geben.» **) Comenius hatte, wie schon erwähnt, alle philosophischen Regeln für seine schola latina abgelehnt; er meint, die spitzfindige Untersuchung über ursächlichen Zusammenhang, über Aehnlichkeit und Unähnlichkeit, über Analogien und Anomalien, die sich in den Sachen und Worten finden, halte den Lernenden nur auf.***) Für Basedow ist im Gegensatz hierzu ohne Uebung in den Begriffen von Substanz und Beschaffenheit, von Verhältniss, Ursache, Handlung, Gegenstand, Wirkung u. s. w. alle Mühe des grammatischen Unterrichts vergeblich †) und dieser letztere daher auch erst einem gereifteren Alter zuzuweisen.

Hinsichtlich der Geschichte sagt Comenius, der namentlich auch die Culturgeschichte betont, sie bilde einen sehr schönen Theil des Unterrichts und sei gleichsam das Auge des ganzen Lebens. ††) Daher soll sie einen gewissen Anfang schon in der schola materna nehmen In der schola latina will sie Comenius auf alle Klassen vertheilen, damit die Schüler mit allen denkwürdigen Thaten und Aussprüchen des Alterthums wohl bekannt werden. «Es könnte, sagt er, für jede Classe ein beson-

---

*) Göring a. a O. S. 120.
**) Göring a. a. O. S. 120.
***) Comenii opera omnia, pars I. pg. 129.
†) Göring a. a. O. S. 119.
††) Comenii opera omnia, pars I. pg. 180.

deres Büchelchen, mit einer gewissen Art von Erzählungen angefüllt, verfasst werden, damit die Schüler daraus vortragen könnten: in der ersten Classe ein Auszug der biblischen Geschichten, in der zweiten die Geschichten der natürlichen Dinge, in der dritten die der Erfindungen (suavissimum ingenii pabulum), in der vierten die der sittlichen Verhältnisse hervorragender Tugendmuster u. s. w., in der fünften eine Geschichte der Religion und gottesdienstlichen Gebräuche (historia vitualis), wie sie bei verschiedenen Völkern vorkommen, in der sechsten eine allgemeine Weltgeschichte, besonders aber eine Geschichte des Vaterlandes; alles in zusammenfassender Weise, so jedoch, dass das Nothwendige nirgends beeinträchtigt wird.*) Basedows Ansichten über den Geschichtsunterricht weichen von denen des Comenius nirgends ab. Er nennt schon in der Philalethie **) die Geschichte, eine Hauptwissenschaft der Schulen, und im Methodenbuch verlangt er ein «Hilfsbuch der historischen und mit vielen Kupfertafeln erläuterten Welterkenntniss»; dieses soll sich auf «alles Historische, was allen gemeinnützig ist, erstrecken, auf Völkergeschichte, Erdbeschreibung, Genealogie, Mythologie und Alterthümer». Was die Völkergeschichte anbetrifft, werde ich, betont Basedow, eine genau bestimmte Zeitrechnung nur als Nebensache ansehen, aber dennoch durch eine eindringliche und lehrreiche Vorstellung der Hauptumstände des menschlichen Geschlechts und der merkwürdigsten Völker es dahin zu bringen suchen, dass eine jede abgesonderte Erzählung von Geschichten durch einige Worte in die rechte Zeitperiode hineingeschoben werden kann. *)

Das wollte auch Comenius, wenn er schon in der schola latina eine Universalgeschichte wünschte, bei welcher das Nothwendige nicht zurückgestellt werden sollte. Das Nothwendigste ist nach ihm die Geschichte der vorzüglichsten Völker, nach Basedow die der merkwürdigsten. Dabei vertritt aber Basedow die Ansicht, dass die Erzählungen nicht in chronologischer

---
*) Comenii opera omnia, pars I. pg. 180. 181.
**) Philalethie, 1764. I. S. 328.
***) Göring a. a. O. S. 217.

Ordnung fortlaufen dürfen, sondern unter solche Titel gesammelt werden sollen, welche den Zweck und den Gebrauch anzeigen, als: Merkwürdige Exempel dieser oder jener Tugend, dieses und jenes Lasters, von grossen Menschenfreunden, von Tyrannen, von Lieblingen, von Maîtressen (!), von grossen Wirkungen kleiner Ursachen u. s. w. *) Demgemäss behandelt Basedow im ersten Capitel des siebenten Buchs seines Elementarwerkes, »Die Grundbegriffe der Staatssachen« und im vierten Capitel »Etwas aus der Universalhistorie«. Uebrigens weist Basedow der Geschichte einen ebenso bedeutenden Raum zu als Comenius.

Betrachten wir jetz das letzte Fach des Unterrichts: die Religion. Hier finden wir die grösste Verschiedenheit zwischen den beiden Pädagogen. Nach Comenius tragen alle Wissenschaften ein christlich-religiöses Gepräge, und die Keime der Frömmigkeit müssen schon in der frühesten Kindheit gepflanzt werden. Sogleich vom ersten Gebrauche der Augen, der Zunge, der Hände, der Füsse an sollen die Kinder lernen, zum Himmel zu blicken, die Hände nach oben zu strecken, Gott und Christus anzurufen, vor der unsichtbaren Majestät die Kniee zu beugen und dieselbe zu verehren. **) Dann können die sechsjährigen Kinder in der Kenntniss der Religion so weit gebracht werden, dass sie den Katechismus, die Grundlage des Christenthums, auswendig wissen und, so weit es das Alter zulässt, auch verstehen und in der That zu üben beginnen. In der schola vernacula sollen die Kinder ausser dem Katechismus, auch die Geschichten und vorzüglichsten Aussprüche der heiligen Schrift aufs Genaueste lernen und hersagen. In der schola latina aber sollen die Schüler auch Theologen werden, die nicht nur die Grundsätze ihres Glaubens gehörig kennen, sondern dieselben auch aus der Schrift zu beweisen im Stande sind. «Für die christlichen Schulen ist die heilige Schrift das Alpha und Omega.»***)

---

*) Göring a. a. O. S. 218.
**) Comenii opera omnia, pars I. pg. 139, 140.
***) Comenii opera omnia, pars I. pg. 142.

Wenn Comenius der Religion ein so grosses Gebiet in dem Lehrplan der Schulen zuweist, so entspricht dies ganz seinem tief-christlichen Sinne, der sich wohl zu apostolischem Eifer und vielleicht auch einmal zum Rigorismus steigerte. Zu diesem letzteren werden wir solche Aeusserungen zu zählen haben, in denen er alles, was nicht christlich ist, aus den Schulen verbannt wissen will. «Wenn wir echt christliche Schulen haben wollen, sagt er, *) so müssen die heidnischen Bücher entweder entfernt, oder wenigstens vorsichtiger als bisher, benützt werden.... Die vorzüglichsten Schulen bekennen zwar dem Namen nach Christus, finden aber sonst nur an Terenz, Plautus, Cicero, Ovid, Catull und Tibull, an den Musen und Liebesgöttern ihre Freude .... Selbst den Theologen liefert Christus nur die Larve, Aristoteles aber sammt der übrigen Heidenschaar Leib und Seele. Dies aber ist ein abscheulicher Missbrauch, eine schändliche Entheiligung der christlichen Freiheit und etwas äusserst Gefahrvolles. Comenius geht sogar so weit, dass er die Schriften der alten Klassiker gleichsam für Götzenbilder erklärt. «Denn, meint er,**) was hat den Kaiser Julian vom Christenthume abwendig gemacht, was den Papst Leo X. zum Wahnsinn gebracht, die Geschichte von Christo für eine Fabel zu halten?.... Was stürzt heutzutage so viele weise Italiener und andere in die Arme des Atheismus? was anderes als die Lectüre der Alten!» Bei allen diesen excentrischen Ansichten über die classische Literatur hat Comenius doch eine Versöhnung zwischen den christlichen Confessionen angestrebt. In der Didactica magna***) wendet er sich an alle Theologen und Fürsten u. s. w., der ganzen christlichen Welt und beschwört sie, für die Verbesserung der Erziehung und des Unterrichts zu arbeiten.

Im Jahre 1643 schickt er an Joh. Matheä die Hypomnemata über die Beilegung der Zwistigkeiten zwischen allen Kirchen; und im Prodromus Pansophiae †) ruft er aus: «Op-

---

*) Comenii opera omnia, pars I. pg. 147, 148.
**) Comenii opera omnia, pars I. pag. 152.
***) Comenii opera omnia, pars I. Pag. 192, 193.
†) Comenii opera omnia, pars I. pag. 430.

tamus homines tandem aliquando a dissensionibus liberari, ut sectae et odia cessent«. Er scheint im späteren Leben sich sogar gegen seine früheren Ansichten über die classische Literatur erklärt zu haben. So sagt er:*) «Nullum tam malum esse librum, in quo non boni aliquid reperiri liceat. Si non aliud, occasionem certe errorem aliquem emendandi.» In dem Ventilabrum sapientiae (1656) kehrt er jedoch abermals zu den strengeren Ansichten zurück: «Me recentissima iterum terrent exempla» (er meint Christian von Schweden).

Basedow's Ansichten über die Religion sind entschieden denen des Comenius entgegengesetzt. Dies hat seinen tieferen, allgemeinen Grund in dem skeptischen Geiste, der das XVIII. Jahrhundert beherrschte: es ist das «Jahrhundert der Aufklärung». Aller Offenbarung und allem Autoritätsglauben feind, wollte der Zeitgeist den denkenden Menschen von den Vorurtheilen der Tradition befreien, insbesondere auch von den Vorurtheilen der christlichen Religion. Mit eben diesen Gedanken hatte sich Basedow ganz erfüllt, und er ist ganz ein Kind seiner Zeit. Er hat sich mit den Philosophen der empirischen und rationalistischen Richtung beschäftigt, so z. B. wie er selbst bezeugt, schon während seiner Universitätszeit mit Locke, Leibnitz, Wolf, Hobes, Tindal, Collins, Hume,**)´ später mit Bonnet, Reimarus, Jerusalem, Moses Mendelssohn.***) Die Lectüre dieser Philosophen nahm ihm allen Glauben an die Offenbarung und die Wunder der christlichen Religion. «Ich erinnere mich, sagt er,†) dass schon in meinem sechszehnten Jahre die Weissagungen und Wunderwerke, wenn ich sie nur als Erzählungen der heiligen Schrift betrachtete, ihre Kraft bei mir verloren.» Und später wollte er von seinem kosmopolitischen Standpunkte aus keine christliche Religion auf den Schulen, sondern die «natürliche» Religion. Die Schule soll nach ihm confessionslos sein; «der Unterricht in der geoffenbarten Religion ist den

---

*) Comenii opera omnia, pars I. pg. 429.
**) Philalethie I. S.
***) Göring a. a. O. S. 147.
†) Philalethie I. S. 470.

Kirchen und ihren Lehrern zu überlassen. *) Dagegen hat nach seiner Ansicht jene natürliche Religion den grössten Einfluss auf die Glückseligkeit der Personen, Familien und Staaten, und ihre Wirksamkeit in der meiferen Alter des Menschen hängt von der Erziehung in seiner Jugend so ab' dass dieselbe dadurch gehindert oder gefördert, vermehrt oder vermindert, mehr oder weniger vortheilhaft, ja sogar schädlich werden kann. **) Daher behandelt Basedow, eben um ihrer Wichtigkeit willen, im Methodenbuche die religiöse Erziehung der Jugend ausführlicher als die anderen Unterrichtsgegenstände Die wichtigsten seiner Lehrsätze sind: 1.) der Glaube an Gott, 2.) der Glaube an eine Unsterblichkeit der Seele und eine künftige Vergeltung. Hievon sind alle anderen Lehrsätze abhängig. Die Summe derselben nennt Basedow die «natürliche Religion», insofern sie ohne den Glauben an eine Offenbarung oder ohne das Vertrauen zu fremder Einsicht in der menschlichen Seele wirkt.***) Im Elementarwerk ist das vierte Buch ausschliesslich der natürlichen Religion gewidmet. Was den Anfang des Unterrichts in der Religion betrifft, so ist Basedow (hier im grossen Gegensatz auch zu Rosseau) der Ansicht dass er frühzeitig eintreten müsse. So sagt er in der »Praktischen Philosophie«, dass, bevor die Kinder fertig lesen könnten, schon aller Unterricht in der Religion durch Gespräche, Fragen und Vaorsagen ertheilt werden sollte. †) Und im Metodenbuch ††) sagt er: Sobald die Kinder fähig sind durch die nöthigen Vorkenntnisse zur Unterscheidung ihres persönlichen Wesens oder ihrer eele von dem sichtbaren Körper gebracht zu werden und folglich eine Unsterblichkeit nach dem Tode des Leibes zu denken, wie auch sich wahre, obgleich sehr unvollständige Begriffe von Gott zu machen, so müssen wir so weit es die elementarische Ordnung der Vorkenntnisse zulässt,

---

*) Göring a. a. O. S. 21.
**) Göring a. a. O. S. 122.
***) Göring a. a. O. S. 146.
†) Praktische Philosophie S. 634.
††) Göring a. a. O. S. 138.

nicht nur eilen, ihnen diese Begriffe beizubringen, sondern sie ihnen auch gleich anfangs, vermöge ihres natürlichen Vertrauens zu unseren Aussprüchen, als wahr vorstellen; und zwar früher, als sie die Beweisgründe, die nur in geübten Seelen wirken, verstehen oder ihre Kraft empfinden können.»

Somit lässt sich betreffs der Religion keine Spur von einem Einfluss des Comenius auf Basedow nachweisen; Basedow hat sich vielmehr die Grundsätze der Religion der deutschen Aufklärung und die Rousseaus angeeignet *)

VI.

Die Unterrichts-Anstalten.

Die Zeit von der Kindheit bis zum beginnenden Mannesalter umfasst nach Comenius 24 Jahre und gliedert sich in folgenden Perioden:

1.) in die Zeit der Kindheit (infantia),
2.) in das Knabenalter (pueritia),
3.) in das frühe Jünglingsalter (adolescentia),
4.) in das gereifte Jünglingsalter (juventus).

Einer jeden Stufe weist Comenius einen Zeitraum von sechs Jahren und eine besondere Schule zu. Diese vier Unterrichtsanstalten nennt er:

a) Die schola materna (Mutterschule),
b) Die schola vernacula (Volks- oder Elementarschule),

---

*) «Vous ne voyez dans mon exposé que la religion naturelle.... On me dit qu'il falloit une rélévation pour apprendre aux hommes la manière dont Dieu vouloit être servi; on assigne en preuve la diversité des cultes bizarres qu'ils sont institués, et l'on ne voit pas que cette diversité même vient de la fantaisie des rélévation. Dès que les peuples se sont avisés de faire parler Dieu, chacun l'afait parler à sa mode et lui a fait dire ce qu'il a voulu. Si l'on n'eût écouté que ce que Dieu dit au cœur de l'homme, il n'y auroit jamais en qu'une religion sur la terre.» [Emile a. a. O. S. 332, 333.]

c) Die schola latina (Gymnasium),
d) Die academia (Universität).

a) Die schola materna.

Eine schola materna soll in jedem Hause sein. Ihre hauptsächliche Aufgabe, wenn auch nicht ihre einzige, besteht darin, die äusseren Sinne der Kinder zu üben, damit sie die Dinge klar und scharf auffassen. Zunächs aber gibt Comenius im «Informatorium«, welches für diese Schulen bestimmt ist, den Müttern gewisse Regeln über ihr eigenes Verhalten vor der Geburt des Kindes. Ist die letztere erfolgt, dann sollen die Eltern den zarten Körper des Kindes mit Dunen und weichen Betten umhüllen und in jeder Weise pflegen. Vornehmlich aber soll die Mutter wirklich und in vollem Sinne Mutter sein: «Es ist kein löblicher, sondern ein schädlicher und greulicher Gebrauch, betont er,*) dass etliche Mütter (vornehmlich adelige Personen), ihre Kinder nicht selbst nähren wollen, sondern sie fremden Weibern anvertrauen. Es ist sehr von Nöthen, dass man dawider eifre und die Eltern bedeute, wie sie in diesem Falle vernünftig handeln sollen. Unter allen Umständen bekämpfe man diese verdammenswerthe Unsitte, denn sie streitet 1.) wider Gott und die Natur, 2.) ist sie den Kindern schädlich, 3.) bringt sie den Müttern auch selbst Schaden, 4.) läuft sie der rechten Ehrbarkeit und Zucht zuwider.

Während der ersten sechs Jahre, also in dieser ersten Schule, wird nun der Grund zu allem gelegt, was die Kinder im Leben lernen. Ausser dem Unterricht in den Realien und der Religion,**) sind die Kinder, nach Comenius sogar mit allgemeinen Begriffen in der «Metaphysik» bekannt zu machen; ein Name, der hier beinahe in Schrecken setzen könnte, der aber in der That nur ganz elementare Begriffe und Anschauungen bezeichnet, wie z. B. vorher, nachher, ähnlich, unähnlich

---

*) Comenii opera omnia, pars I. pag. 167–172.
**) Vergl. Cap. I.

u. dgl. In der Optik sollen sie beginnen, sowohl Licht und Schatten, als die Grundfarben: weiss, schwarz, roth, zu unterscheiden und zu benennen. Der Anfang der Astronomie soll darin bestehen, dass sie das Firmament anschauen und Sonne Mond und Sterne unterscheiden lernen, dass sie die Sonne und den Mond auf- und untergehen seh n u. s. w. Die Grundlage zur Chronologie wird dadurch gelegt, dass die Kinder die Begriffe Stunde, Tag, Woche, Jahr, Sommer, Winter u. s. w. verstehen lernen. Die Anfänge der Rhetorik haben darin zu bestehen, dass etwa in der Sprache des Hauses vorkommende bildliche Ausdrücke nachgeahmt werden, insbesondere aber in einem nicht ungeschickten Gebrauch der Glieder von Seiten der Sprechenden, nebst einer dem Inhalte der Rede entsprechenden Betonung. In der Hauswirthschaftslehre werden die Kinder so weit unterrichtet, dass sie zuvörderst wissen, wer Vater, wer Mutter, Magd, Diener u. s. w. heisst; dass sie ferner die Namen der einzelnen Theile des Hauses: Hausflur, Küche, Schlafzimmer u. s. w. inne haben. Der Unterricht in der Musik wird in der Weise ertheilt, dass die Kinder Gesang, insbesondere erbauliche Lieder, hören und nachsingen lernen. Schon im dritten Jahre mögen sie Stücke aus den Psalmen und Kirchenliedern auswendig wissen. Von der Poesie bekommen die Kleinen am besten einen Vorgeschmack dadurch, dass sie in diesem frühen Lebensalter allerlei Versuche, besonders moralischen Inhalts, lernen. Vorzüglich aber muss die Sittenlehre in dieser Mutterschule ihre festeste Grundlage erhalten. Indem die zarteste Jugend mit den Tugenden gleichsam aufwächst, gewöhnt sie sich an Mässigkeit, Sauberkeit, Ehrerbietung, Wahrhaftigkeit, Gerechtigkeit, Liebe, Geduld, Fleiss, Gefälligkeit, Höflichkeit.*) Naht aber die Zeit, in der die Kinder zur Schule geführt werden, so soll man, nach Comenius, zu ihnen wie von einem Feste, einem Jahrmarkte reden; sie ermahnen, hübsch mit den anderen Kindern zu lernen und zu spielen. Dazu könnten die Eltern ihnen schöne Kleider, Büch-

---

*) Comenii opera omnia, pars I. pag. 167, 172.

lein u. dgl. versprechen, ihnen wohl auch etwas davon zeigen, aber nicht geben. Es sei auch gut, vor den Kindern öfters zu rühmen, welch' ein herrliches Ding es sei, in die Schule zu gehen und etwas zu lernen, denn aus solchen Leuten würden grosse Herren, Beamte und Doctoren u. s. w. Ueberdies sei Lernen keine Arbeit, sondern ein Spiel mit Büchern und Federn, süsser denn Zucker. Mit anderen Worten: die Kinder sollen wohl vorbereitet und mit der rechten Gesinnung in die Schule geführt werden. Nur unverständige Eltern bringen, nach Comenius, das Kind zum Schulmeister wie ein Kalb zum Metzger oder wie ein Stück Vieh zur Heerde: 'dann könne sich der Schulmeister plagen, wie er wolle. Noch viel thörichter aber seien die, welche aus den Präceptoren Schreckbilder, aus der Schule eine Marterstube machen. «Ich will dich in die Schule thun, spricht mancher Vater, da wirst du bald kirr werden, virgis te caedent, expecta modo!» *)

b) Die schola vernacula.

Comenius verlangt für jede Gemeinde, jedes Dorf und jeden Flecken eine «schola vernacula». Alle Kinder sollen in diese Schule geführt werden. Nicht nur diejenigen also, welche ein Handwerk ergreifen sollen, sondern alle haben die schola vernacula zu besuchen, denn Comenius beabsichtigt «eine allgemeine Bildung aller, die als Menschen geboren sind, zu allem, was eines Menschen würdig ist.» Auch wäre es Uebereilung, im sechsten Jahre schon bestimmen zu wollen, für welchen Beruf ein jeder geeignet sei, ob für die Wissenshaft oder für ein Handwerk; denn weder die Geistesanlagen, noch Lust und Neigung seien hier schon hinreichend zu erkennen. Nicht allein die Kinder der Reichen, Adeligen und Beamten seien zu solchen Würden geboren, so dass nur ihnen die lateinische Schule offen stünde. Eine fremde Sprache lehren zu wollen, bevor der Schüler seine

---

*) Comenii opera omnia, pars I. pag. 244—246.

Muttersprache hinreichend inne habe, sei eben so verkehrt als einen Knaben reiten zu lehren, bevor er gehen könne. Die schola vernacula des Comenius bereitet ihre Zöglinge für das tägliche Leben vor; Beherrschung der Muttersprache und ihrer Grammatik in einem Grade, der zur Abfassung eines fehlerlosen Schriftstückes befähigt, Kenntniss im Rechnen, wie es das tägliche Leben fordert, etwas Uebung im Gesange weltlicher und geistlicher Lieder, hinreichende Bekanntschaft mit dem Katechismus und der Bibel, mit etwas allgemeiner Weltgeschichte und Kosmografie, endlich einige allgemeine Bekanntschaft mit Gewerben und Künsten: das ist das Endziel, welches Comenius dieser Schule gesteckt hat. So kann nicht nur denen, die in die schola latina eintreten wollen, sondern auch denen, die sich dem Ackerbau, dem Handel oder einem Handwerke widmen, nirgends im Leben etwas so Fremdartiges begegnen, dass sie nicht schon in dieser Schule eine gewisse Vorkenntniss davon bekommen hätten. Für jede der sechs Classen, in welche Comenius die schola vernacula theilt, verlangt er ein eigenes Buch; dem Inhalte dieser Bücher entsprechend möchte er ihnen am liebsten einen zugleich bezeichnenden und ansprechenden Titel geben, wie etwa: «Violarium», Cosarium», «Viridarium, etc. *)

c) Die schola latina.

In der schola latina sollen die Knaben vier Sprachen lernen, nämlich die deutsche und lateinische vollkommen, die grichische und häbraische jedoch nur so weit, als nothwendig ist; daneben die so genannten freien Künste des Trivium und Quadrivium. Ferner haben sie sich zur Erlangung einer noch höhern Bildung zu beschäftigen mit Physik, Geographie, Chronologie, Geschichte, Ethik und Theologie. In allen diesen Fächern, sagt Comenius, werden unsere Jünglinge nach Vollendung des betreffenden sechsjährigen Cursus, wenn nicht vollkommen werden, so doch eine feste Grundlage für eine zukünftige voll-

---

*) Comenii opera omnia, pars I. pag. 172 176.

kommene Gelehrsamkeit gewinnen. Auch diese Lateinschule theilt Comenius ebenso wie die Volksschule in sechs Classen, denen er folgende Namen beilegt:

1. Classe: Grammatica,
2. Physica,
3. Mathematica,
4. Ethica,
5. Dialectica,
6. » Rhetorica.

Bis zur Zeit des Comenius galt, wie er selbst sagt, als Regel, nicht blos die Grammatik, sondern auch die Dialektik und Rhetorik vor den übrigen Unterrichtsgegenständen zu lehren. Er setzt die beiden letztgenannten den realen Wissenschaften nach, da seiner Ansicht nach die Dinge vor ihrer Art und Weise, der Stoff vor der Form gelehrt werden muss.*)

d) Die Academie.

»Zwar erstreckt sich, sagt Comenius, unsere Methode nicht bis zu dieser höchsten Stufe des Unterrichts; was hindert uns aber, wenigstens unsere Wünsche kundzugeben?« Seine Ansicht ist nun, dass auf der Academie wahrhaft umfassende Studien unter Benützung leichter und zuverlässiger Methoden zu treiben sind. Nur denen, welche diesen Cursus glücklich vollendet haben und die übrigens würdig und geeignet sind, dürfe das Steuer der öffentlichen Angelegenheiten mit Sicherheit anvertraut werden. Daher hält es Comenius für zweckmässig ja nothwendig, die Zöglinge, welche nach Vollendug des Cursus die schola latina verlassen, einer Prüfung über ihre specielle Begabung zu unterziehen und hiernach zu entscheiden, wer von ihnen sich für das academische Studium, wer für einen anderen Lebensberuf eigne. Nach Absolvirung des academischen Studiums sollen die besonders Fleissigen als öffentliche Anerkennung ihrer Tüchtigkeit den Ehrenkranz eines Doctors

---

*) Comenii opera omnia, pars I. pag. 176 - 181.

oder Magisters davontragen und sie allein zu höheren öffentlichen Aemtern zugelassen werden. Die Entscheidung hierüber hängt nicht von dem Erachten eines Einzelnen, sondern von dem öffentlichen Zeugnisse aller ab. Comenius spricht auch von einer Schule der Schulen, einem «Collegium didacticum», das an irgend einer Stätte gegründet werden müsse. Die vereinigte Arbeit desselben müsse dahin gehen, die «Grundlagen der Wissenschaften mehr und mehr klar zu legen, das Licht der Weisheit immer weiter auszubreiten, und durch nützliche Erfindungen den Wohlstand der Menschen zu heben». So weit die Ansichten des Comenius über die Schulanstalten. Sie sind in mehr als einer Beziehung bahnbrechend geworden und jedenfalls hat niemand, vor ihm, einen so vollständigen Plan der Schulorganisation gegeben.

Hören wir nun die Ansichten Basedows. Hierbei müssen wir von Anfang an betonen, dass Basedow auf diesem Gebiete im Vergleich mit Comenius nicht viel bietet. Er drückt sich vielfach unklar aus und wiederspricht sich auch wohl einmal; übrigens hält er sich sehr im Allgemeinen. Im Unterrichte will er drei Stufen unterschieden wissen: 1.) die Elementarschule, worin dass gelehrt wird, was die Jugend aller Stände etwa vor dem fünfzehnten Jahre lernen muss, mag sie sich nun dem Studium oder einem anderen Lebensberufe zuwenden; 2.) die Gymnasien, in welche die studierende Jugend vom Ende des Elementarunterrichts bis in das achtzehnte oder zwanzigste Jahr verbleibt und nur in den Fächern unterrichtet wird, die ohne Absicht auf dieses oder jenes Amt allen Studierenden gemeinnützig sind; 3.) die Universitäten, auf welchen die mündige Jugend in bürgerlicher Freiheit lebt und nach Voraussetzung der Gymnasialstudien durch den Unterricht und Rath der Professoren, auch vermittelst des Bücherlesens und anderer Uebungen sich zu den einzelnen Ständen und Aemtern der Gelehrten vorbereitet.[*] Schon hieraus ersehen wir, dass Basedow im wesentlichen die Ansichten des Comenius über die

---

[*] Göring a. a. O. S. 197, 198.

Gliederung der Unterrichtsanstalten theilt. Von einem Einfluss Lockes und Rosseaus kann hier nicht die Rede sein, denn beide wollen von öffentlichen Schulen nichts wissen.

Der Schulunterricht hat nach Basedow im vierten oder fünften Jahre zu beginnen und dauert bis in das fünfzehnte. *) Man kann ihn in drei, vier oder fünf Perioden eintheilen und sich in der Schule eben so viele Classen denken, in denen derselbe vom Leichteren zum Schwereren fortschreitet.**) Demnach fordert (im Gegensatz zu Comenius) die Elementarschule des Basedow einen zehn- oder eilfjährigen Besuch, das Gymnasium dagegen beansprucht nur drei oder fünf Jahre. Die Dauer der Universitätszeit bestimmt Basedow nicht.

Sein Philanthropin bidete eine Pensionstalt für Zöglinge von sechs bis achtzehn Jahren; dieselben wurden in deutscher, französicher, lateinischer und ausnahmsweise auch in griechischer Sprache unterrichtet, überhaupt aber in allen Studien der gesitteten Stände, sowie in allen schul und gymnasienmässigen Studien, so dass sie genügend für die Universität vorbereitet waren. ***)

Hier tritt also Basedow seiner oben erwähnten Ansicht, dass der Schulunterricht mit dem vierten oder fünften Jahre einzutreten habe; thatsächlich entgegen. Beide Pädagogen stimmen also darin überein, dass sie dreierlei Schulanstalten verlangen. Wie schwach und oberflächlich ist aber die Organisation des Basedow gegenüber der des Comenius! Wahrscheinlich hat Basedow die Absicht gehegt, einen Reorganisationsplan für die Schulen zu verfassen; wenigstens sagt er einmal:†) «Weil ich einen Plan des Schulwesens den Patrioten zur Beurtheilung übergebe und den Einwurf befürchten muss, dass theils die Schwierigkeiten zu gross sind, das gegenwärtige Schulwesen so stark abzuändern, so habe ich hier» etc. Untersuchen wir jetzt die Ansicht Basedows über die Erziehung des Kindes in dem Zeitraum von der Geburt bis zum schulpflichtigen Alter, für welchen Come-

---
*) Vergl. Cap. III.
**) Göring a. a. O. S. 203.
***) Schmidt a. a. O. S. 648.
†) Göring a. a. O. S. 203.

nius die schola materna verlangt. Sowohl aus dem Methodenbuch, als auch aus dem Elementarwerk und der praktischen Philosophie geht als Aufgabe dieser Periode deutlich hervor: die Beförderung der Gesundheit des Kindes. In dem letzterwähnten Wercke *) wünscht Basedow ausdrücklich, dass die Mutter ihr Kind selbst ernähre, und erinnert somit an Comenius. Ausserdem gibt er aus seiner eigenen Erfahrung noch einige diätetische Regeln und verlangt (wie Comenius), dass man den Kindern nicht unverdauliche Speisen gebe; die einfachsten Nahrungsmittel sind für sie die besten. Fleisch sollen sie vor dem dritten Jahre nicht bekommen; dagegen sollen Brot, Früchte und Gemüse ihre gewöhnliche Kost, dünnes Bier, und Wasser ihr gewönliches Getränk sein. Er verwirft stark gewürzte Speisen und warme Getränke, verlangt reine Luft im Kinderzimmer und viel Bewegung im Freien, wodurch der Leib gekräftigt und die geistigen Anlagen gestärkt werden.**)

Wenn er in diesen Punkten mit Comenius übereinstimmt, so weicht er andererseits von ihm ab, indem er ein hartes Lager für den Kindern heilsamer hält als weiche und bequeme Federbetten. Er scheint überhaupt ein Freund der Abhärtung zu sein, denn er gewöhnt die Kinder auch an nasses Wetter und leichte Kleidung, badet sogar kleine Kinder mit grossem Nutzen in allmälich immer abgekühlterem Wasser. Hier folgt er ganz den Ansichten Lockes.***) So widmet Basedow diese Jahre der ersten Jugend grösstentheils dem Wachsthum, der Munterkeit, der Uebung des Körpers und der Aufmerksamkeit auf die äussere Welt, d. h. der Uebung der Sinne, der Organe

---

*) Praktische Philosophie a. a. O. S. 530.
**) Göring a. a. O. S 43, 44
***) Locke a. a. O. S. 24: «Lassen Sie das Lager Ihres Sohnes hart sein und lieber aus Matratze und Decken bestehen, als aus Federbetten.» S. 12: «Alle Welt erzählt jetzt eine Fülle von Wundern, die durch kalte Bäder bewirkt worden sind, mittelst deren herabgekommene und schwache Constitutionen wieder zu Gesundheit und Kraft gelangten, und es kann daher dies Mitttel, den Körper zu kräftigen und abzuhärten, nicht unthunlich oder unzuträglich sein für Jene, die sich in besserem Zustande befinden».

unserer Kenntnisse. Er verlangt, wie Comenius, dass man die Kinder auf die Schule vorbereite. «Es ist unbeschreiblich, sagt er, *) wie viel Unterricht den Kindern auf eine unmerkliche Art und gelegentlich vor den Schuljahren und auch ausser der Schule beigebracht werden kann; aber ich setze vernünftige Eltern und Aufseher voraus, und mich dünkt, das bürgerliche Leben liesse sich leicht so einrichten, dass die Mütter die Hälfte und die Väter das Viertel ihrer Tage der Erziehung und dem Unterrichte der Ihrigen heiligen könnten.» In dieser Zeit ist nach Basedow der Grund zu allem zu legen, was die Kinder lernen sollen. Um den Eltern hierbei zu Hilfe zu kommen, verfasst er sein Elementarwerk. Das Kind soll fast alle Kenntnisse gleichsam spielend erlangen; jedes Spiel, jeder Scherz mit Säuglingen oder Kindern, die nicht schon zu alt sind, muss absichtlich auf Kenntniss der Gegenstände und ihren Namen und auf Vorübungen der Sprachwerkzeuge und anderer Theile des Leibes abzielen.**) Im Elementarwerk finden sich nun Vorschriften, wie den Kindern in diesem Umgange die Dinge und die Namen und die Unterschiede derselben beizubringen seien. Man führe etwa einige Gegenstände vor und benenne dieselben. Versteht nun das Kind den Namen eines Körpers von gewisser Art noch nicht, so muss man bei dem Gebrauche des Wortes anfangs den ganzen Umfang derselben, sofern es möglich ist, vor seinen Augen betasten und das Kind hn selbst betasten lassen. Während dieser ganzen Zeit wiederhole man den Namen des Körpers. Auf diese Weise werden die Kinder leicht mit den Dingen, deren Gestalt, Farbe etc. bekannt. Weiter gibt Basedow Vorschriften zu Sprachübungen. Von besonderer Wichtigkeit ist ihm hier das Buchstabenspiel,***) welches schon ein Kind von sechs Jahren zur Belehrung eines jüngeren vornehmen kann. Sobald das Kind alle oder die meisten Buchstaben†) nachzusprechen im Stande ist, verfahre man

---

*) Göring a. a. O. S. 96.
**) Göring a. a. O. S. 273, 274.
***) Göring a. a. O. S. 267—270.
†) Basedow meint die Laute.

auf folgende Weise: Man spricht: «Wir wollen miteinander das Buchstabenspiel spielen.» Dann sagt man langsam und eutlich die Silben *ba be bi* u. s. w. vor, dann erst die einzelnen Buchstaben der Silben mit ihren Namen, und nach einer halben Pause spricht man die dazu gehörige Sylbe aus. So geht man das ganze Alphabet durch. Ohne zu zeigen, wie dann das Kind nach Basedow lesen lernt, erwähnen wir nur nochmals, dass ihm alles in dem Gewande der Spiele beigebracht werden soll. Nur solche Spiele sind zu wählen, welche dazu dienen können, gewisse «Fertigkeiten des Körpers, gewisse Begriffe des Verstandes, die Erlernung des künftig nöthigen Memorienwerkes und selbst die Erleichterung künftiger Tugend zu befördern.» *) So z. B. verlangt er, dass man durch das «Gedächtnisspiel» **) den Kindern das ganze Memorierwerk der Sprachlehre, der Geschichte, Geographie u. s. w. beibringe, bevor dieselben im Ernste etwas von diesen Wissenschaften hören.

Aus diesen Erörterungen können wir schliessen, dass Basedow den ersten vier bis fünf Kinderjahren im Ganzen dieselbe Aufgabe stellt wie Comenius. Hauptaufgabe ist nach beiden die Pflege der Gesundheit; gibt Comenius Vorschriften wie man die Kinder kräftig und rührig erhalten soll: Basedow gibt sie auch und fügt noch einiges nach Locke hinzu; will Comenius, dass in dieser Periode der Grund zu allem, was später erlernt werden soll, gelegt werde: Basedow will dasselbe nur glaubt er eine Methode gefunden zu haben, die Kinder spielend lernen zu lassen.***) Hier scheint der Einfluss Locke's bemerkbar zu sein, der dem Spiele eine grosse Bedeutung beilegt, wie er z. B. sagt: «Alle Spiele und Erholungen der Kinder sollten so eingerichtet werden, dass sie zu guten und nützlichen Gewohnheiten beitragen, andernfalls werden sie schlimme herbeiführen. Was immer die Kinder thun, es lässt auf ihr

---

*) Göring a. a. O. S. 274.
**) Göring a. a. O. S. 276.
***) Comenius spricht auch schon vom Spiele als Erziehnngsmittel betont diesen Punkt nur nicht so wie Basedow.

zartes Alter einen Eindruck zurück, der eine Neigung zum Guten oder zum Bösen bewirkt.» *)

In betreff der Elementarschule weichen unsere beiden Pädagogen etwas von einander ab; denn, während Comenius die Kinder in dem Gebiete der Muttersprache festhält und sie von da aus eine allgemeine Bildung gewinnen lässt, tritt bei Basedow, wie wir schon bemerkt haben, das Studium der lateinischen und französischen Sprache sehr früh ein. Nach Comenius sollen alle Kinder ohne Ausnahme dieser Schule anvertraut werden, denn «wir wissen nicht, **) zu welchem Zwecke diesen oder jenen die göttliche Vorsehung bestimmt hat, und es steht fest, dass Gott oft aus den Aermsten und Niedrigsten Werkzeuge seines Ruhmes sich bereitet». Basedow spricht im Gegensatz hierzu nur von den Schulen der gesitteten Stände. «Meine Anschläge und meine Schularbeiten, sagt er im Methodenbuch,***) sind nur für die gesitteten Stände von den Prinzen an bis zu den Kindern der Handelsmänner oder angesehenen Künstler, diese mit eingeschlossen .... Der weltliche Unterricht des grossen und schätzbarsten Haufens aber muss nur ganz unstreitige, praktische, diesem Stande angemessene und sehr wenige Erkenntnisse enthalten». Basedow will also eine Art Fachschule für das Volk, während die Elementarschule des Comenius den Grund aller Bildung für alle zu geben hat. Von den Gymnasien sagt Basedow, wie wir gesehen haben, nichts weiter, als dass in denselben nur gelehrt werden soll, was allen Jünglingen gemeinnützig ist. Näher spricht er über die Academien. Die Moralität soll eine Hauptzierde der Studierenden sein, zu verwerfen ist eine zu grosse Freiheit der «academischen Burschen», die oft genug wild und lasterhaft sind, ehe sie Priester, Schullehrer, Aerzte und Richter werden. Weiterhin theilt Basedow die Ansicht des Comenius, dass nur diejenigen Studierenden academische Ehrentitel erhalten sollen, die sich als tüchtig und würdig erweisen. Ebenso spricht auch er von einem

---

*) Vergl. Locke a. a. O. S. 139.
**) Comenii opera omnia, pars I. pg. 42.
***) Göring a. a. O. S. 25.

Staatscollegium oder Moralitäts- und Educationsconseil, doch weist er demselben eine weitere Aufgabe zu als Comenius: es soll sich mit der Moralität der Nation und den nöthigen Aenderungen der diesbezüglichen Gesetze befassen. Ihm soll die Oberaufsicht zustehen über alle Armenanstalten, über alle Correctionshäuser, Waisenhäuser, vornehmlich aber auch über die Erziehung der Jugend, über Schulen, Gymnasien und Universitäten, über die von dem Staate angestellten Gelehrten, über das Bücherwesen. u s w *)

Nach alle dem ist auch in betreff der Schulanstalten ein bedeutender Einfluss des Comenius auf Basedow nicht zu verkennen.

Doch dürfte es wohl am Platze sein näher zu beleuchten, wie sich Comenius und Basedow der Erziehung des weiblichen Geschlechts gegenüber stellen. Nach Comenius lässt sich kein genügender Grund für eine Ausschliessung des weiblichen Geschlechts vom Erwerbe der Bildung auffinden. Auch die Mädchen müssen unterrichtet werden, denn sie sind in gleicher Weise Gottes Ebenbilder; in gleicher Weise Inhaber der Gnade und des zukünftigen Reiches; in gleicher Weise mit empfänglichem Geiste und Talent ausgerüstet; auf gleiche Weise steht ihnen der Zugang zur Herrlichkeit offen, da Gott selbst sich ihrer bedient hat, die Völker zu regieren, die Könige und Fürsten zu berathen und die Priester und Bischöfe an ihre Pflicht zu mahnen. Warum sollen wir sie nun wohl zum Lesenlernen zulassen, nachher aber von den Büchern wegtreiben? Fürchten wir Unbesonnenheit?

Je mehr wir den Gedanken Beschäftigung geben, desto weniger Raum wird gerade die Unbesonnenheit finden, welche aus dem Müssiggange zu entstehen pflegt.**) Zugleich aber verlangt Comenius, dass den Mädchen nicht wahllos eine bunte Menge von Büchern dargeboten werde, sondern nur solche, aus denen sie beständig neben der wahren Erkenntniss Gottes und seiner Werke wahre Tugend und Frömmigkeit schöpfen könn-

---

*) Göring a. a. O. S. 186, 187.
**) Comenii opera omnia pars I. pag. 43.

ten; es sei zu beklagen, dass man dies bisher nicht sorgsamer ins Auge gefasst habe. Er verlangt also speciell für Mädchen geschriebene Bücher. Besonders aber sollen die Mädchen und Jungfrauen in den für das weibliche Geschlecht nützlichen und angemessen Kenntnissenen unterwiesen werden: in einer würdigen Besorgung des Hauswesens und in der Förderung der Wohlfart der Familie.*)

Basedow nun widmet dem Unterschiede in der Erziehung und Bildung des männlichen und weiblichen Geschlechts in seinem Methodenbuche ein ganzes Capitel. Er erklärt von allem Anfang an, dass die Wirksamkeit der Mädchen auf ein ganz anderes Gebiet falle als die der Knaben. Die Mädchen sollen nach ihm vorzüglich für die Häuslichkeit erzogen werden. Hier citirt er mehrere Aussprüche Rousseaus über die Erziehung der Sophie und unterschreibt dieselben als gut und vortrefflich. Einige von den Ansichten Rousseau's stimmen aber wiederum mit denen des Comenius überein, wie denn auch Rousseau besonders (auf) die Bestimmung des Mädchens, die Wohlfahrt des Hauses**) zu fördern, betont. Besteht doch nach ihm das Hauptziel der Mädchenerziehung darin, sie für die Ehe vorzubereiten.***) Hingegen berücksichtigt Comenius ganz besonders auch das eigene Glück des weiblichen Geschlechts, indem er für alle (auch für die Lastträger der menschlichen Gesellschaft) eine allgemeine Bildung fordert, damit sie sich bei den «Mühen und

---

*) Comenii opera omnia pars. I. pag. 43, 44.
**) Rousseau, Emile a. a. O. S. 421.
***) Rousseau, Emile a. a. O. S. 419: «Toute l'éduction des femmes doit être relative aux hommes. Leur plaire, leur être utiles, se faire aimer et honorer d'eux, les élever jeunes, les soigner grands, les conseiller, les consoler, leur rendre la vie agréable et douce: voilà les devoirs des femmes dans tous les temps, et ce qu'on doit leur apprendre dès leur enfance. — Weiterhin (a. a. O. S. 443) sagt er: »La raison qui mène la femme à la connaissance des siens (de ses devoirs) est plus simple encore. L'obéissance et la fidélité qu'elle doit à son mari. Iu tendresse et les soins qu'elle doit à ses enfants, sont des conséquences si naturelles et si sensibles de sa condition qu'elle ne peut sans mauvaise foi refuser son consentement au sentiment intérieur qui la guide, ni méconnaître le devoir dans le penchant qui n'est point encore altéré.

Arbeiten ihres Berufs an dem Nachdenken über die Worte und Werke Gottes erfreuen, anderseits aber ihre Musse durch heutiges Lesen der Bibel und anderer guter Bücher würdig verwerthen können.»*) In diesem Punkte schliesst sich ihm Basedow vollständig an, indem er sagt: «Die meisten, die von Erziehung der Töchter schreiben, legen denselben so viele Anmuth oder so glückliche Umstände bei, dass man wennsie nur nicht verführt werden, an ihrer baldigen Verheiratung nicht zweifeln darf. Aber gibts denn keine hässlichen und gebrechlichen Töchter? keine, die in ihrem Stande der Armuth halber nach den jetzigen Sitten in Gefahr sind, von einem würdigen Manne, der sich an sie wagen darf, nicht zur Ehe verlangt zu werden? .... Da das Schicksal der Familie veränderlich ist, müssen alle Eltern ihre Töchter auch auf den Fall, dass sie nicht zur Ehe gesucht werden, so viel an ihnen ist, zur Zufriedenheit und weisen Aufführung erziehen.... Es ist überhaupt nützlich, den Töchtern zu sagen, dass die Ehe kein Stand sei, auf den sie sich mit Gewissheit Rechnung machen können, und dass die Hoffnung zu demselben nach dem vierundzwanzigsten Jahre abnehme und nach dem dreissigsten Jahre verschwinde.» **)

So weicht Basedow in seinen Ansichten über die Mädchenerziehung in mancher Hinsicht von Rousseau ab und schliesst sich wiederum an Comenius an.

VII.

Die Schulzucht.

Eine Schule ohne Zucht ist nach Comenius wie eine

---

*) Comenii opera omnia, pars I. pag. 44. Vgl. auch Jean Paul, Levana § 89: «Bevor und nachdem man Mutter ist, ist man ein Mensch; die mütterliche Bestimmung aber, oder gar die eheliche, kann nicht die menschliche überwiegen oder ersetzen, sondern sie muss das Mittel, nicht der Zweck derselben sein.»

**) Göring a. a. O. S. 177.

Mühle ohne Wasser;*) nimmt man einer Mühle das Wasser, so muss sie still stehen; ebenso muss, wenn die Zucht aus der Schule entfernt wird, alles zu Grunde gehen. Sie hat recht eigentlich den Geist der Ordnung und Sitte zu wahren und kehrt ihre Strenge gegen jede Verletzung derselben. Zucht, sagt Comenius, muss geübt werden gegen jeden Unrecht thuenden nicht desshalb, weil er gefehlt hat, (Geschehenes lässt sich nicht ungeschehen machen), sondern damit er in Zukunft nicht wieder fehle. Die Zucht ist aber ohne Leidenschaft, ohne Hass, mit solcher Lauterkeit der Gesinnung und edler Entrüstung zu üben, dass der Gezüchtigte selbst zu der Erkenntniss kommt, die Züchtigung wolle sein bestes und gehe aus der väterlichen Neigung des Lehrers oder Erziehers hervor. Doch darf nach Comenius eine strengere Strafe nur wegen eines Verstosses gegen die Sittlichkeit, nicht wegen einer Nachlässigkeit in den Studien, eintreten; denn wenn die Studien recht betrieben werden, so sind sie schon an und für sich ein Reiz für die Geister und ziehen durch ihre eigene Süssigkeit an sich. Im anderen Falle liegt die Schuld nicht an den Lernenden, sondern an den Lehrenden.

Verstehen wir es nicht, mit Kunst die Geister zu locken, so werden wir vergebens Gewalt anwenden. Schläge vermögen nicht Liebe zu den Wissenschaften einzuflössen, wohl aber Hass gegen dieselben.**) Eine strengere und härtere Zucht ist nur gegen die in Anwendung zu bringen, welche in ihrem sittlichen Verhalten sich etwas haben zu Schulden kommen lassen, d. h. 1.) gegen diejenigen, welche sich offenbarer Gottlosigkeit schuldig machen, wie einer Unkeuschheit, einer Lästerung u. dgl.; 2.) gegen die, welche sich mit vollem Bedacht gegen die Gebote des Lehrers auflehnen; 3.) gegen Hochmuth, Stolz, Neid, Trägheit u. s. w. Kurz, die Zucht soll nach Comenius darauf ausgehen, dass in allen Ehrfurcht gegen Gott

---

*) Comenii opera omnia, pars I. pag. 160: «Schola sine disciplina molendinum est sine aqua».
**) Vergl. Benecke a. a. O. Bd. II. S. 431; Dittes, Methodik a. a. O. S. 61.

in jeder Beziehung, Dienstfertigkeit gegen den Nächsten, freudiger Eifer für die Aufgaben des Lebens geweckt und in beständiger Uebung gestärkt werde. Wenn es in den Wissenschaften einmal des Spornes bedarf, so lässt sich dies nach Comenius viel besser auf andere Weise als durch Schläge bewirken. Bisweilen reicht schon ein scharfes Wort, ein öffentlicher Tadel oder ein einem anderen ertheiltes Lob hin. Dann sind wöchentlich, oder wenigsten monatlich, Wettkämpfe über das Vorrecht des Platzes oder einer anderen Auszeichnung anzustellen. In betreff der Form der Zucht räth Comenius, dem Walten der Natur (oder wie er sagt der Sonne) zu folgen, die den Pflanzen immer Licht und Wärme, oft Regen und Wind, selten Blitz und Donner zutheil werden lässt. Demnach erreicht der Lehrer seinen Zweck, die Jugend in der Bahn der Pflicht zu erhalten, durch das eigene lebendige Vorbild, durch Belehrung, Ermahnung, Verweis und Rüge, endlich, wo diese gelinden Mittel nicht ausreichen, durch Strafen und selbst durch Schläge.*) Die Ansichten des Comenius lassen sich also kurz dahin zusammenfassen: Eine gute Schule setze eine gute Zucht voraus; diese selbst aber liegt nur in der Hand des Lehrers und kann nur von ihm durch das eigene gute Beispiel, gute Methoden im Unterricht, sanfte Worte und eine väterliche Zuneigung erreicht werden. Wo alle diese Mittel nichts nützen, sind als schärfste Strafe — jedoch nur bei einem Verstoss gegen die Sittlichkeit — Schläge anzuwenden.

Nach Basedow gründet sich die Zucht auf den Gehorsam. Gehorsam sein heisst, dem Willen eines Anderen, ordentlicherweise als einem überwiegenden Beweggrunde folgen.**) Dieser Gehorsam ist das wichtigste Hilfsmittel der Erziehung und die schönste der kindlichen Tugenden. Sie verhindert vielen Schaden, den die Kinder sich selbst, den Eltern und anderen Menschen zufügen können; sie erleichtert den Unterricht, sie wirkt das angenehmste Verhältniss der Kinder zu den Eltern und Lehrern; sie erspart beiden den Verdruss, welchen die sonst

---
*) Comenii opera omnii, pars. I. pag. 162—164.
**) Göring a. a. O. S. 44.

notwendige Ausübung der Strafe nach sich zieht, und ist die beste Vorbereitung des Gemütes zur Zufriedenheit bei der unvermeidlichen Abhängigkeit eines erwachsenen Unterthanen.» *) Gründet so Basedow die Zucht auf den Gehorsam, so befindet er sich dabei in voller Uebereinstimmung mit Comenius; denn dieser verlangt geradezu, dass man die Kinder in wirklichem Gehorsam fleissig übe, weil dieser später einen festen Grund zu vielen schönen Tugenden gebe. «Lassen wir doch, sagt Comenius **), ein junges Pflänzlein oder Bäumchen nicht wie und wo es will, sondern binden es an einen Pfahl damit es aufrecht stehen und höher aufstreben lerne.» Es ist bekannt, dass Rousseau***) sich gegen jede Zucht zum Gehorsam erklärte. Aber sehr richtig bemerkt Basedow †) gegen dessen Auslassungen: Der schweizerische Philosoph meint, das Kind müsse nichts aus Gehorsam thun, sondern nur die Nothwendigkeit der Natur erkennen; die Wörter Gehorsam, Befehlen, Pflicht und Schuldig keit müssen aus seinem Wörterbuche verbannt werden, die Wörter Stärke und Unvermögen aber einen grossen Platz darin einnehmen. Wie sehr irrt doch der sonst so weise Mann! Der Gehorsam gründet sich auf Liebe, Zutrauen und Zwang; die Schuldigkeit auf die Meinung von unserem eigenen Besten oder der Abwendung unseres eigenen Uebels, entweder nach dem Laufe der Natur, oder nach dem Vorsatze des Mächtigeren. Ist wohl irgend etwas davon dem Kinde unverständlich? Kann der Verfasser im Ernste irgend eines dieser Triebwerke des Gehorsams tadeln? Nach Basedow soll also der Gehorsam aus Liebe

---

*) Göring a. a. O. S. 44.
**) Comenii opera omnia, pars I. pag. 233, 234.
***) «Votre enfant ne doit.... rien faire par obéissance, mais seulement par nécessité : ainsi les mots d'obéir et de commander seront proscrits de son dictionnaire, encore plus ceux de devoir et d'obligation.» (Emile a. a. O. S. 70). Vgl. ferner: «Ne lui commandez jamais rien, quoi que ce soit au monde, absolument rien. Ne lui laissez pas même imaginer que vous prétendiez avoir aucune autorité sur lui.» (Emile, S. 73). Endlich: «Le premier de tous les biens n'est pas l'autorité, mais la liberté (Emile, S. 64.
†) Göring a. a. O. S. 83.

und Vertrauen zu Eltern und Vorgesetzten entstehen. «Das Kind soll gewöhnt werden einzusehen, dass, was die Eltern oder Vorgesetzten rathen oder befehlen, nur für sein eigenes Wohl geschieht. Folgt das Kind nicht, dann erst tritt die traurige Nothwendigkeit es zu züchtigen ein». *) Die Kinder sollen auch nach ihm nie wegen der Studien, sondern nur wegen sittlichen Vergehen gezüchtigt werden. So sagt er im Methodenbuche:**) «In Absicht auf den Unterricht und während desselben muss ich allen Zwang, um den Schulfleiss zu fördern, als eine höchst schädliche Sache widerrathen ...
Es gibt zwei Arten, diesen Zwang auszuüben: Erstlich, man droht oder straft und will doch, dass durch die erregten Leidenschaften der befohlene Fleiss gelingen solle. Diese Tyrannei verfehlt gänzlich ihren Zweck. Die andere Art des Zwanges wird nur in Absicht auf künftige Zeiten ausgeübt. Man straft z. B. ein Kind heute, damit es morgen auf diese und jene Art fleissig werde. Dies ist allezeit unnöthig und wegen der Nebenfolgen schädlich. ... «Es soll keinen Befehl zum Erlernen geben, sondern nur eine gute Methode soll dem Lehrer dazu dienen, denn ein unerzwungener Schulfleiss ist in seinen Unternehmungen glücklicher und bleibt beständig; der Zwang aber kann leicht verursachen, dass diejenigen Erkentnisse und Wahrheiten, welche im ganzen Leben nach dem Zwecke der Erziehung die angenehmsten bleiben sollten, anfangs mit Ueberdruss wiederholt und endlich vernachlässigt werden».***) Gerade dort, dass der Zwang aus dem Unterrichte verbannt werden soll, ist eine bei Basedow immer wiederkehrende Forderung. So sagt er, †) dass man die Kinder niemals durch einen Befehl zum Memorieren anhalten möge, und im Elementarwerk,††) verlangt er, die Mutter solle es sich zur Regel machen, nicht einmal durch dringendes Zureden und gebieterischen Befehl, geschweige

---

*) Göring a. a. O. S. 45.
**) Göring a. a. O. S. 95.
***) Göring a. a. O. S. 96.
†) Göring a. a. O. S. 89.
††) Göring a. a. O. S. 285.

durch Verweis, Drohung und Schläge, die Aufmerksamkeit der Kinder auf dieses oder jenes Buch richten zu wollen, sondern sie solle mit dem Wenigen, was durch die freundlichste Veranstaltung und durch die eigene Lust der Jugend bewirkt wird, wenigstens dem Scheine nach vollkommen zufrieden sein. Die traurige Nothwendigkeit der Züchtigung entstehe nur, wenn Ungehorsam, wenn ein böser Wille vorliege. Unter den hier zulässigen Strafmitteln aber ist nach Basedow die Ruthe das beste.*) Verdienen die Kinder dieselbe, dann müssen sie Eltern und Lehrer ernsthaft anwenden. Man muss dann schnell handeln, ohne mit den Kindern zu «vernünfteln», denn sonst läuft man Gefahr, nicht das gewünschte Resultat zu erzielen.

In diesen Ansichten Basedows über die Zucht findet sich keine Verschiedenheit von denen des Cominus; beide Pädagogen stimmen vielmehr auch hierin vollständig überein.

VIII.
Die Person des Lehrers.

Wenn die Schule eine Werkstäte der Humanität ist, so dürfen nur diejenigen als würdige Lehrer, Erzieher und Vorbilder der Kinder gelten, die im Stande, sind dieselben für dengenannten Zweck zu bilden. Zur Zeit des Comenius mochte man solche Männer selten finden. Er beklagt sich darüber in der Einleitung zur Didactica magna**), indem er schreibt: «Es gibt wenige Lehrer, die der Jugend das Gute recht einzuflössen wissen. Oder wenn sich einmal einer findet, so wird er von irgend einem Pascha in Anspruch genommen, privatim den Seinigen seine Mühe zu widmen; dem Volke wird seine Thätigkeit entzogen.» Man darf nicht ablassen, gute Lehrer aufzusuchen, denn, meint Comenius, wie kein Ding etwas Anderes, als es selbst

---
*) Göring a. a. O. S. 48.
**) Comenii opera omnia, pars III. pg. 54, 55.

ist, leisten kann, so kann niemand weise Menschen heranbilden als der Weise, niemand beredte als der Beredte, niemand gesittete oder fromme als der Gesittete oder Fromme, niemand Mathematiker, Naturkundige oder Metaphysiker als der dieser Wissenschaften Kundige. Solche Männer, erfüllt von Liebe zur Bildung, geduldig in der Ertragung von Mühen, freigebig in der Ertheilung von guten Ermahnungen, von sanften Sitten und von reinem Herzen sind zu dem Gotteswerke gleich kostbaren Edelsteinen aufzusuchen. Wo man ihrer nur habhaft werden kann, da möge man gleich, als wenn Gott mit dem Finger auf sie zeigte, sich ihnen zuwenden, sich um sie bewerben und mit Bitten und Geschenken aller Art sie zu gewinnen suchen.

Wie ein guter Lehrer beschaffen sein soll, setzt Comenius ausführlich*) aus einander: Die Lehrer sollen fromme, ehrbare, thätige und fleissige Männer sein, die lebendigen Muster der Tugenden, zu welchen sie andere bilden sollen und zwar nicht nur scheinbar, sondern in Wahrheit; begeistert für ihren Beruf und nicht leidige Miethlinge. Ein wahrer Lehrer wird auch unter Entbehrungen ausharren, wie er keine Gelegenheit vorübergehen lassen wird, ohne etwas Nützliches zu lehren. Sein vorzüglichstes Augenmerk aber wird er auf die Pflanzung echter Frömmigkeit richten. «Bringt er dies' nicht zustande, so mag er überzeugt sein, dass alle seine Mühe vergeblich gewesen ist.»**) «Mit einem Worte, sagt Comenius an einer anderen Stelle***), ein guter Lehrer ist der zu nennen, der sich das zu sein bemüht, was sein Name aussagt, ein Lehrer, nicht eine Lehrmaske.» Es ist selbstverständlich, dass in erster Linie dazu auch der Besitz eines gründlichen und vielzeitigen Wissens gehört, so dass also ein volkommener Lehrer wissenschaftlich gebildet und zugleich tugendhaft und fromm sein muss.

Basedow nun ist wie Comenius fest überzeugt, dass eine Hebung der gesammten sittlichen und geistigen Bildung nur von einer Verbesserung der Schulen, d. h. von einem tüchtigen

---

*) Gesetze für eine wohlgeordnete Schule, No. XXI.
**) Comenii opera omnia, pars III pg. 796—798.
***) Comenii opera omnia, pars III. pg. 763.

Lehrstande abhänge. Seine Gedanken über die Vorbildung der Lehrer sind kurz die folgenden: Die Schulen, sagt er, *) sind nicht nur Orte des Unterrichts, sondern auch der moralischen Erziehung. Uebung ist etwas gans anderes als Unterricht. Jene setzt einen weislich gegebenen Anlass, Versuchung zum Gegentheile, Freiwilligkeit der Ausübung, Ordnung in den Graden und zureichende Rathgebung und Hilfe voraus. Diese Uebung ist die eigentliche moralische Erziehung. Ohne sie ist der Unterricht nichts, ohne Unterricht ist sie selbst schon vieles, und die Verbindung beider ist alles, was Menschen zur Wohlfahrt der Familien, des Staates und der Nachwelt thun können. Auch in den Schulen muss moralische Erziehung sein und zwar desto mehr, je weniger man sich bisher auf die meisten Eltern verlassen kann Wer diese Erziehung ausüben will, muss sie aus dem Grunde verstehen; er muss von Natur ein vorzügliches Genie dazu haben, er muss aus Neigung den Gebrauch desselben als sein Hauptgeschäft ansehen. Er muss so wenig als möglich mit der Nothwendigkeit eines ermüdenden Nachsinnens beschwert sein. Nach Basedow's Ansicht muss der Lehrer also ebenfalls wissenschaftlich gebildet sein; er muss sich selbst alle nöthigen Kenntnisse aneignen, um andere bilden zu können.

Ueber seine Tüchtigkeit aber kann fürerst nur eine Prüfung entscheiden. Diese Examina bei der Wahl der Lehrer müssen nach Basedow folgender Art sein: Nicht dass sie auf gewisse Fragen antworten oder überhaupt ihre Wissenschaft zeigen, sondern dass sie in den Verrichtungen, die man ihnen auftragen will, und folglich in der Lehrart und in dem Regiment über Schüler eine entscheidende Probe geben. Diese anzustellen wird allerdings etwas schwer; aber die Sicherheit, dass ein in eine öffentliche Schule gewählter Lehrer zu seinem Amte fähig sei, ist auch sehr wichtig. «Wenn jemand von mir zum Lehramte berufen werden sollte, würde ich vorzüglich sehen auf gute Sitten, auf Liebe zur Jugend aus rechten Gründen, auf die Neigung zu seinem Geschäft, auf natürliche Fähigkeit alles bald zu lernen

---

*) Göring a. a. O. S. 200, 201.

was er nicht weiss, auf die Gaben einer schnellen vernünftigen Ueberlegung, auf die Fertigkeit, seine Gedanken schnell und gut auszudrücken auf Gesundheit und gewöhnliche Munterkeit und auf eine solche Bildung des Körpers, welche Hochachtung einflösst.... etc»*) Doch hilft das Examen nur gute Lehrer suchen, nicht sie bilden. Hierzu sind Seminarien umgänglich nothwendig. Es ist, sagt Basedow an einer anderen Stelle, ein Seminar der Lehrer notwendig, ehe das öffentliche Schulwesen in einem hohen grade verbessert werden kann». In jedem Lande muss deshalb ein Seminar sein, in dem unter der Aufsicht erfahrener Lehrer junge Leute, die sich dem Lehrfache widmen wollen auf's Genauste vorbereitet werden. Nach Beendigung der Lehrjahre kann das Seminar ein Zeugniss geben, welches die künftigen Wähler besser orientirt als ein Examen. «Findet man dann einen Lehrer**), welcher ein gutes Zeugniss hat, umgeschikt, so muss das Gericht untersuchen, wie der Zeuge bestraft zu werden verdiene.... Will man diese und andere Anschläge ferner verachten oder vernachlässigen, so wird man niemals eine nach Möglichkeit vollkommene Schuleinrichtung sehen die Amtsfähigkeit der Männer selten erforschen können, die Schulen wie andere Aemter ferner durch Cabale besetzen.»

Wenn sonach die Ansichten der Pädagogen auch hierin übereinstimmen, so macht Basedow jedoch betreffs der Vorbildung der Lehrer einen Fortschritt, indem er Fachschulen zur Vorbereitung derselben für nöthig hält, wie denn vor ihm schon A. H. Franke ein Seminarium praeceptorum gefordert und eingerichtet hatte. Bei Comenius findet sich hiervon noch keine Spur. Er spricht sich öfter nur dahin aus, dass gute Lehrer sich selten finden, dass aber dann gleichsam der Finger Gottes auf sie hinweise.

---

*) Göring a. a. O. S. 206.
**) Göring a. a. O. S. 207.

SCHLUSS.

Aus den obigen Betrachtungen geht deutlich hervor, dass Basedow sehr oft mit Comenius übereinstimmt und sich nur selten im Gegensatze zu ihm befindet. Beide Pädagogen sind nämlich derselben Meinung in betreff des Begriffes der Erziehung und des Unterrichts und des Verhältnisses beider zu einander; ferner betreffs der Mittel und Grundsätze des Unterrichts, besonders des Sprachunterrichts; weiterhin betreffs der Mädchenerziehung, der Schulzucht und theilweise auch der Person des Lehrers. Die Ansichten Basedows weichen dagegen von denen des Comenius ab bezüglich des Zweckes der Erziehung, der Dauer und der Zeit des Unterrichts, der Behandlung des Religionsunterrichts und theilweise auch betreffs der Unterrichtsanstalten. Fragen wir nun noch, ob Basedow nur als Nachahmer des Comenius zu betrachten sei, so müssen wir das verneinen, wenn wir auch ebenso bestimmt einräumen, dass er überall das Vorbild derselben vor Augen gehabt hat. Diesem Einflusse hätte er sich auch kaum entziehen können; denn, wie Herder in seinen Briefen zur Beförderung der Humanität *) sehr richtig sagt, sind »die Grundsätze, die Wünsche, die Hoffnungen des Comenius gewissermassen der Geist alles Guten und Würdigen in Europa geworden«. Es finden sich in der That bei allen namhaften Pädagogen des 18. Jahrhunderts Anklänge an Comenius, freilich bei keinem so ausgesprochen, wie bei Basedow. Er erinnerte von neuem und mit beredtem Nachdrucke an die Gedanken des Comenius und suchte sie, soweit ihn nicht Rousseau auf andere Wege führte, in der Pra-

---

*) J. G. von Herder, sämmtliche Werke. Dreizehnter Theil. 1829.

xis zu verwirklichen; und obwohl er kein origineller Kopf war und allzusehr der blosen Nützlichkeit huldigte, so wusste er doch die Zeitgenossen für seine Sache zu gewinnen und die Pädagogik von gewissen einseitigen und extremen Richtungen zu Natürlichkeit und Mass zurückzuführen.

Leipzig, im April 1887.

VITA

Ich, Petru Garbovicianu, griechisch-ortodoxer Confession, bin in Garbovětzu-de-jos, Bezirk Mehedinți (Rumänien) am 27. Juni 1862 geboren. Mein Vater ist Pfarer der Gemeinde zu Garbovětzu-de-jos. Ich habe die Elementarschule in Turnu-Severin absolvirt; das niedere Pristerseminar in Râmnicu-Vâlceĭ und das obere in Bucarest. Nachher kam ich nach Leipzig, wo ich in der Zeit von sieben Semestern, ausser den Vorlesungen der Herren Professoren der theologischen Facultät, die der Herren Professoecn Masius, Heinze, Wundt, Drobisch, Maurenbrecher, Biedermann, Strümpell, Hofmann, Richter, Wolff, Roscher und Hermann gehört habe.

Im Wintersemester des Jahres 1886 habe ich an hiesiger Universität das theologische Examen bestanden.

Allen diesen hochverehrten, um die Entwicklung meines Geistes sehr verdienten Männern, und ganz insbesondere Herrn Professor Masius, spreche ich hiermit meinen innigsten Dank aus.

Leipzig, 27. Juni 1887.

Petru Garbovicianu.